FRENCH
Extra!

Malcolm and Janet Carroll

D1382425

TEACH YOURSELF BOOKS

For UK order queries: please contact Bookpoint Ltd, 39 Milton Park, Abingdon, Oxon
OX14 4TD. Telephone: (44) 01235 400414, Fax: (44) 01235 400454. Lines are open from
9.00–6.00, Monday to Saturday, with a 24 hour message answering service.
Email address: orders@bookpoint.co.uk

For U.S.A. & Canada order queries: please contact NTC/Contemporary Publishing,
4255 West Touhy Avenue, Lincolnwood, Illinois 60646–1975, U.S.A.
Telephone: (847) 679 5500, Fax: (847) 679 2494.

Long renowned as the authoritative source for self-guided learning – with more than
30 million copies sold worldwide – the *Teach Yourself* series includes over 200 titles in
the fields of languages, crafts, hobbies, sports, and other leisure activities.

British Library Cataloguing in Publication Data
A catalogue record for this title is available from The British Library

Library of Congress Catalog Card Number: 98-65236

First published in UK 1998 by Hodder Headline Plc, 338 Euston Road, London NW1 3BH.

First published in US 1998 by NTC/Contemporary Publishing, 4255 West Touhy Avenue,
Lincolnwood (Chicago), Illinois 60646 – 1975 U.S.A.

The 'Teach Yourself' name and logo are registered trade marks of Hodder & Stoughton Ltd.

Copyright © 1998 Malcolm Carroll and Janet Carroll

Typeset by Transet Limited, Coventry, England.
Printed in Great Britain for Hodder & Stoughton Educational, a division of Hodder
Headline Plc, 338 Euston Road, London NW1 3BH by Cox & Wyman Ltd, Reading,
Berkshire.

Impression number   10   9   8   7   6   5   4   3
Year   2004 2003 2002 2001 2000 1999

CONTENTS

INTRODUCTION

This course is for those who are already familiar with the basics of written and spoken French. However, given that individuals will have different degrees of familiarity with the language, the authors believe that some repetition of essential structures is inevitable if all learners are to progress confidently. To those for whom such grammar is tiresome – our apologies. To those for whom such revision may seem an indispensable chore – our aim is to make it as stimulating as possible by introducing new contexts and examples.

Each unit aims to upgrade the knowledge of French you have already acquired elsewhere. You may already have used a self-learning package like this, or followed a taught course for a recognized examination syllabus. *Teach Yourself French Extra!* hopes to build on this existing knowledge base, using language situations which are adaptable and interesting.

For learners of French, the range of vocabulary and expressions available is bewildering and, frankly, sometimes off-putting. But anyone who listens carefully to a French person speaking will be encouraged by the way in which the speaker often repeats an essential part of a sentence, either for emphasis or by way of explanation. Equally, not every thought forms itself perfectly into language worthy of a classical French author! All speakers of a language need thinking time, often expressed as significant hesitation (in English, at worst, the … 'er, um…' device), or even await their listener's help, with a well-chosen word or two, to polish up that last thought. With this in mind, we have identified a number of strategies by which you, too, can avail yourself of your rightful quota of thinking time when in normal conversation.

And now – learning and remembering what you have learned. The rate at which you learn is unimportant, but retaining your knowledge is. Frequent and regular practice is essential to give you the confidence to speak and write well. Learners often spend much time memorising lists of individual items of vocabulary. We do not recommend this, believing that it is much easier to remember something when learned in a phrase. Therefore wherever possible, we shall try to make sure we offer new vocabulary in a self-explanatory phrase.

It is always advisable to use the best foreign language dictionary you can afford. This helps avoid serious errors of mistranslation and comprehension. Nevertheless, we have included as many necessary expressions and vocabulary as space will reasonably allow within each module. This is a bare minimum for your immediate needs, but will also serve to point you towards alternative (and perhaps better!) phrases and constructions.

Finally, in the exercises of each module, you will be expected to give the most appropriate answers. Occasionally, there may be more than one 'right' answer, according to how the information given is understood. Remember – even misunderstandings and errors can be useful if they make us think about what we say and write.

HOW TO USE THIS COURSE

Most units adopt the same format, to help you get used to the materials they contain. The dialogues are the initial focus of study, so if you can buy the audio which will make these spoken activities much more life-like, these will help your French become so much more accurate. Each unit starts with a summary of linguistic aims, **Objectifs linguistiques**. These learning objectives will be exploited in a fair amount of detail in the unit, but please note that we have chosen to introduce grammar as it is needed, and not as an end in itself. Simplicity is the watchword, although you may not think so in some items!

The **Dialogues**, the lynch-pin of the course, are simplified discussions between ordinary people in familiar situations. The French learned here may be transferred to many other types of conversational exchange, so it is most important that you read these or, preferably, listen to them a number of times to get as much from them as possible. Although this is a self-teaching course, the dialogues form a useful scripting device if you learn with a friend! Whichever method you choose, you should go through the dialogue, noting down what you do and don't understand. If you have the complete course, with the audio, you should listen first, several times, before reading. In this way you will do what we all do naturally – listen for the gist of what each speaker says.

The key words section, **Mots-clés**, should allow you to build up a working vocabulary. This will also be of use when you attempt the exercises attached to each unit. Next follows a trouble-shooting section, called **Premiers secours** (*first aid*). Here, we have identified language elements in the dialogues which are likely to require some explanation, or even revision, for those who need it. Again, when used in conjunction with the exercises, this section will build up your confidence, and greatly extend your range.

The **Notes grammaticales** explain and provide further examples of grammar points arising in each unit. In some cases this will be revision, in others, extension of what learners have already met.

Two main families of exercises exploit what you have learned. These are the **Exercices de compréhension** and **Exercices de dépouillement**. The first asks simple questions based on your perception of what is happening in the situation set up in the dialogue. The questions themselves provide a framework for your answer. In the second type of exercises, the **dépouillement**, you may be asked rather more precise questions, relying on more than a general understanding of the dialogue. These questions ask you to analyse the text closely, to make sure you can reuse information quite selectively.

The **Exercices pratiques** and the **Activités** draw together the skills you have acquired in the unit, giving you the freedom to construct model situations similar to the ones which have been used throughout. Here, you will be expected to imitate, in your own way, the situations covered in the unit, adding appropriate vocabulary and expressions gleaned from all your sources. You should try to get used to asking yourself questions, and to repeating suitable answers, in order to make this activity memorable – and useful!

At the end of the book are six **Grammaire-éclair** summaries, which deal with some of the difficulties we have met, and attempt to give brief rules. A **Glossary**, **Model verbs** and **Key to the exercises** complete the book, the latter containing sample answers, where practical, to most exercises. We hope you will find using this book EXTRA!

You will notice that each unit in the book follows the same structure. Units are divided into the following sections:

Conversations 💬 A unit starts with one or more dialogues between people talking about everyday matters. These dialogues show you how the language is used in a given situation.

New words and expressions 🔑 Words and phrases used in the dialogues are translated after each dialogue.

Grammatical points 🗝 In this section you are given some background information on the language and the people who use it. There are also grammatical explanations, which will help you determine why and how particular words are used in order to put across a particular meaning.

Activities ✔ This section is intended for you to practise language patterns and vocabulary as you acquire them.

Dialogues or other items marked with 📼 appear on the cassette which accompanies the book. To develop good pronunciation and listening skills you are strongly advised to use the cassette as much as possible.

At the back of the book there is a *Key to the exercises* section, to which you can refer and check that you got the answers right. You can also refer to the *Appendices* for grammar references. There is also a *French-English vocabulary*, containing all the words used in the book.

1 | UN PROFESSIONNEL ET SA FAMILLE

In this and the following nine modules, we are going to follow the fortunes (**l'évolution sociale**) of a young restaurant-owner, his wife and family. The situations relate to the exercise of his profession (**métier**) in the current economic climate, to his appreciation of, and participation (**intégration**) in family life, and to the family's views about their future. The dialogues which follow are a transcript of an interview in which the young restaurant-owner is being interviewed for a short human-interest clip on a regional television programme (**émission TV locale**). This first unit is something of a revision exercise, but does contain new materials.

Objectifs linguistiques

■ to talk informally about yourself
■ to understand how the passive is used
■ to express a simple opinion

Dialogue 1

Un jeune restaurateur parle

Interviewer Bonsoir à tous et … bien sûr, … bonsoir à toutes, ce jeudi soir 3 octobre. Et voilà que nous sommes invités ce soir chez Monsieur René Allégri, restaurateur à Saint-Valéry-en-Mauges, euh … non pas comme on le voit d'ordinaire, à la tête de sa brigade … euh, si j'ose le dire … également jeune, dans la cuisine de son restaurant Chez René, mais à tête reposée, moins stressé, chez lui, dans son foyer … Monsieur Allégri, bonsoir!

Allégri   Bonsoir, bonsoir.

Interviewer   Nos téléspectateurs sans exception passionnés par tout ce qui a rapport à la bonne table … euh … à la restauration surtout, voudront sans doute tout savoir sur la profession dont vous êtes un si brillant exemple, dans notre région. Dites-nous, expliques-nous ce que c'est d'être restaurateur à l'heure actuelle.

Allégri   Restaurateur … à l'heure actuelle, eh ben … c'est avant tout aujourd'hui, selon moi, bien sûr, … un métier artisanal. Certains en parlent comme d'une vocation mais moi, je suis moins convaincu. Pour moi, c'est plutôt un métier qui s'apprend, où une formation s'impose …

Interviewer   S'impose?

Allégri   Oui, s'impose!

Interviewer   Voulez-vous donc dire que sans formation, un cuisinier ne vaut absolument rien?

Allégri   Oui et non … Tout artisan, lui, suit une formation, soit formelle – de plus en plus au collège – soit sur le terrain, par l'imitation d'un maître respecté sinon toujours bienveillant, comme tout le monde le sait. Mais d'où qu'il lui vienne la formation, le métier est envahissant, exigeant et … euh … n'ai-je pas tout dit?

Interviewer Nous vous comprenons bien, Monsieur Allégri, votre métier vous possède. Mais vous avez une famille, votre femme, un enfant. Comment vous en sortez-vous finalement? Comment réconciliez-vous vos lourdes responsabilités de restaurateur débutant et la vie de famille?

(*à suivre*)

Mots-clés

restaurateur (m)	*restaurant-owner,* (often) *chef-proprietor*
d'ordinaire	*usually, normally*
brigade (f)	*team of kitchen staff, cooks*
à tête reposée	*in peace and quiet, unstressed*
avoir rapport à	*to involve, to relate to*
à l'heure actuelle	*right now, today,* (often) *in the current climate*
artisanal (e)	*related to a craft or approved trade*
formation (f)	*training for a job, trade, or profession*
envahissant (e)	*all-embracing, all-consuming*
exigeant (e)	*tough, demanding*

Premiers secours

● When presenting yourself in French, you may wish to describe aspects of your personality or physique or, alternatively, as in the dialogue, your job or profession. In the short passage below, you will read a personal profile of a young musician. Examine how she describes herself and refer to the grammatical notes which follow.

Je m'appelle Sophie Lebrun et j'aurai bientôt 29 ans. Je suis assez petite et j'ai les cheveux longs, trop longs peut-être. Et j'ai les yeux bleus - ou plutôt bleu clair. Depuis trois ans je suis musicienne dans un quatuor de musiciens classiques qui interprète pour la plupart la musique du dix-huitième siècle. Je joue du violon et du piano. Née au Havre en 1970, d'une famille d'enseignants, j'ai eu une scolarité normale avant d'entrer au Conservatoire en 1989. C'est là que je suis finalement devenue grand amateur de la musique du dix-huitième siecle.

🖥 Notes grammaticales

1 Personal description

(a) Name: Use the reflexive verb **s'appeler** (but see the note on how the spelling changes, in the verb tables at the back of the book). This is simply followed by your first and family names. In a formal or administrative context, the French, like English-speaking people, sometimes give their family name first.

(b) Physical attributes: Usually, **être** + adjective (with agreement) will suffice for general characteristics. But note that parts of the body need to be preceded by the definite article (**les cheveux longs/courts**). The verb to use here is simply the appropriate form of **avoir**. If you wish to use a two-part adjective (**bleu clair**, **brun foncé**), these are invariable.

(c) Occupations: The simplest form is to use **être** + the occupation, but without the article. So, *I am a plumber/teacher/lawyer* becomes **Je suis plombier/enseignant/avocat**.

TIP: Note also that to express a *liking* for a role or interest can be expressed by the verb **être** + **amateur de**, as in the short passage above.

---

2 The Passive

You will have noted that the dialogue contains a number of uses of the passive voice. Remember that the passive in English is not always rendered by a passive in French. Two frequently-used forms are given in the following examples taken from the text:

> Et voilà que nous sommes invités chez ... (parts of the verb **être** + past participle)
> *And here we are, guests of* ... (lit: are/have been invited). This is a true passive in French. But look at the example below:

> Et non pas comme on le voit d'ordinaire ... (subject pronoun **on** + verb)
> *And not where he can usually be seen* ...

In this example, the use of **on** (the indefinite *people* or *we* or *they*) renders the English passive sense, but is in fact active in French – it has a subject and a direct object.

We shall return to this aspect later in this unit, in the **Résumé grammatical** after the second dialogue.

3 Presenting an opinion

To do this in an acceptable way in any language requires skill. In the above dialogue, René Allégri obviously has clear views about his métier. Equally, the interviewer needs to provoke him into responding in a suitable way. Both she and he engage in a gentle game of repetition and hesitation, until a suitable answer emerges. Read and (if you have the audio) listen to the interview again, a couple of times, to see how this is done.

☑Exercice de compréhension – 1

Write a reply to each question in French, using a complete sentence.

Example: *Où l'interview se déroule-t-elle?*
           L'interview se déroule chez M. Allégri.

(a)   Où l'interview se déroule-t-elle?
(b)   Où voit-on normalement M. Allégri, et dans quelles circonstances?
(c)   Comment M. Allégri considère-t-il sa profession de restaurateur?
(d)   Selon M. Allégri, qu'est-ce qu'il faut posséder pour travailler dans la restauration?

Vous avez écouté (ou relu) l'interview avec M. Allégri. Maintenant un interlocuteur vous pose les mêmes questions. Comment lui répondrez-vous?

Exemple: (a) L'interview? … euh … l'interview se déroule chez lui, dans son foyer.

☑Exercice de dépouillement – 1

Answer the following questions using appropriate language:

(a)   How does the presenter begin the interview, and why are her words so carefully chosen? Give the French phrases used, and explain why in English.

(b)   How does the presenter flatter M. Allégri? Explain in English, then pick out the French expressions which most emphasise the flattery.

(c)   The presenter and her interviewee often use repetition to clarify their points. Pick out as many examples as you can, and look them up in your dictionary. One example is **chez lui, dans son foyer**. Do these two terms really mean the same?

(d)   Re-read (or re-listen, or both) to the interview. How do the two participants gain thinking time? Give as many examples as you can. One phrase in particular is most useful when you are not quite sure how you are going to reply to a question, and another indicates where the speaker has lost the thread of his argument. Which are they?

(e)   Pick out and learn all those expressions by which personal opinions are introduced. One such simple example is **selon moi**, but others are more sophisticated. Over to you!

Exercice pratique – 1

You are considering applications for a job of **animateur** (*playleader*) in a French **colonie de vacances** (*summer camp*). From the information given, and after interview, write a brief, factual description of the candidate to pass on to the staff of the **colonie**. You can make up the physical description!

Other ways of presenting or acknowledging people:

TIP 1: You will be familiar with **voici** (*here is*) and **voilà** (*there is*), followed by a noun, which allow you to point to the presence of a clearly defined person or thing. If, for example, someone says to you: **Voilà le mec qui m'a piqué ma bagnole** (*There's the guy who nicked my wheels*), – you can acknowledge this by replying **Tiens, oui, le voilà!** All you need to listen out for is the pronoun **le** or **la** or **les**, and repeat it! Here is another example: **Voilà le bus! Ah oui, le voici enfin!** (*There's the bus. Ah yes, here it is, not before time!*) But note that with **me**, **te**, **nous**, **vous**, you need to be more careful: **Te voilà Christine! Oui, me voici enfin!**

TIP 2: The two expressions **voilà** and **voici** have further uses, when 'placing' people, especially in speech. **Voilà que** and **voici que** are used (often indiscrimiately) to 'place' participants in a discussion, or objects in a suitable context. They are ideal introductory phrases, indicating immediate action:

Voici que le cuisinier se prépare à fouetter la crème.
And now (or *And here*) *the chef gets ready to whisk the cream.*

Voilà que le jeune homme fait demi-tour pour retrouver ses amis.
The young man now turns round to go back to his friends.

VILLE D'ANGERS
DEMANDE D'EMPLOI
POSTE: ANIMATEUR DE
COLONIE DE VACANCES

Nom de famille: **ROUSSET**

Prénom(s):   **WILLIAM**

Date de naissance: 12.3.76

Lieu de naissance: **TOULOUSE**

Scolarité: **CES Joué (Toulouse)**
                            Lycée Henri IV (Toulouse)
                            Université d'Angers

Occupation/expérience: **étudiant en médecine**

Intérêts, passe-temps: **le jazz (classique et moderne)**
                            la natation
                            le rugby

❷ Exercice pratique – 2

Fill in the gaps to create a simple dialogue between two friends. They are at the railway station, waiting for a colleague to pass the barrier. The train arrives and …

A _____ le train, un peu en retard.

B Ah, oui, _____ voilà qui arrive! Et comme tu dis, il retarde un peu.

A Vois-tu notre collègue Catherine?

B Pas encore, non. Voilà _____ il va partir, ce train, sans qu'elle descende! Ah non, tiens, _____voilà! et toujours _____ mains dans les poches!

Catherine les rejoint.

A Bonjour, Catherine, _____ voici enfin!

B _____ voilà donc réunies ensemble tout comme autrefois. Allons! Au cinéma!

Dialogue 2

Un jeune restaurateur parle (*suite*)

Allégri   Eh bien … une famille, c'est sûrement un bonheur, et il y a des moments où je regrette fort de ne pas pouvoir y participer tant que je voudrais, surtout autour des fêtes, au moment où la plupart des familles sont libres soit de partir, soit d'accueillir les autres. Mais dans une entreprise comme la nôtre, vous savez, le client est roi et la famille, si l'on ne peut dire qu'elle prenne le deuxième rang, du moins elle est censée se montrer … euh … compréhensive.

Interviewer   Vous dites compréhensive, M. Allégri, mais est-ce que vous voudriez bien nous expliquer comment vous arrivez à vous débrouiller par ces temps de, de … surcharge au restaurant?

Allégri   Ma foi, ce n'est pas un secret: ma femme joue un rôle primordial dans la réussite, telle qu'elle est, de notre entreprise. Tandis que moi, j'ai été formé par l'expérience pour ainsi dire; elle, elle a suivi des cours de gestion des entreprises à l'IUT de Libourne. On voit – et trop souvent même – de bons restaurants fermer leurs portes pour cause de gestion mal comprise. La bonne gestion, c'est … comment dirais-je? … elle se voit jusque dans les moindres détails … c'est une espèce de prévoyance, n'est-ce pas? Dans notre métier, les produits frais s'achètent presque partout, mais encore faut-il savoir établir le juste rapport qualité-prix et la fiabilité du fournisseur: le bon gestionnaire tient compte de ces choses-là.

Interviewer   Votre femme arrive donc à combiner son rôle de mère avec l'activité de gestionnaire du restaurant! M. Allégri, vous avez vraiment de la chance! Alors, merci beaucoup, M. Allégri, de nous avoir accordé cette interview: nous ne vous souhaitons que du succès ...

… Peut-être que l'on pourrait revenir vous voir un autre jour tous les deux pour en savoir plus long sur cet admirable jeune couple qui a tant fait pour faire revivre la réputation gastronomique de notre région.

Mots-clés

autour de	*around* (either of place or time)
accueillir	(lit:) *to welcome*, (often) *to invite into the home*
être censé (faire)	*to be expected to (do) something*
être compréhensif (-ive)	*to be understanding, flexible*
se débrouiller (refl. v.)	*to manage to do something*
primordial, e	*major, primary*
gestion (f)	*management, administration*
prévoyance (f)	*foresight*
fiabilité (f)	*reliability*
faire revivre	*to restore, invigorate*

Premiers secours

• **Regretter fort** (or **beaucoup**) + **de** + infinitive (present, past) is a useful phrase. Depending upon your choice of past or present infinitive, it means to regret or be sorry for having done, or doing something. But if you use the construction with **pouvoir**, be aware that it might give a (very useful) future sense to the overall meaning:

> Je regrette beaucoup de ne pas   *I am so sorry that I shall not be*
>   pouvoir aller au cinéma   *able to go to the pictures*
>   demain soir.   *tomorrow evening.*

• **Soit ... soit ...** These words are useful for introducing alternatives, as in the English, *either ... or ...*, For example:

> Vous pouvez les inviter soit à   *You can either invite them to the*
>   la maison, soit au bureau.   *house, or to the office.*

Note that the words **ou ... ou** are used in exactly the same way, but are slightly less formal.

• **La plupart** (*most, the majority of*) A feminine singular noun in French can, unusually, take a plural verb. This verb, where appropriate, agrees in number and gender with the noun attached to **la plupart**:

> La plupart des femmes dans le Sud-Ouest sont passionnées par le rugby.

• **IUT (Institut Universitaire de Technologie)** This is similar to the former English polytechnic which offered courses with work placements in industry.

• The second part of the interview reproduced above is more searching. Re-read it and (if possible) listen to it again.

◀Exercice de compréhension – 2

Reply in French, using complete sentences.

Example: Que regrette le plus M. Allégri à propos de son activité de restaurateur?

> M. Allégri regrette le plus de ne pas pouvoir participer à la vie de famille tant qu'il veut (voudrait).

(a)   Que regrette le plus M. Allégri à propos de son activité de restaurateur?

(b)   Que signifie l'expression 'le client est roi'?

(c)   Expliquez en d'autres termes ce que veut dire M. Allégri par le mot 'compréhensive'.

(d)   Quel est le secret de la réussite dans le commerce, selon M. Allégri?

(e)   Selon l'interviewer, quelle a été la contribution des Allégri à la région?

✓Exercice de dépouillement – 2

Answer the following questions as indicated:

(a)   M. Allégri's first reply seems fairly defensive. Which phrases and expressions show this defensiveness? Translate them into English.

(b)   The interviewer uses the reflexive verb **se débrouiller**. Can you give an exact translation here? Can you find another French phrase in the first dialogue which is similar in meaning?

(c)   Look out for a phrase which means *to attend classes for something*. Note how it works, and then make up sentences about studying English … maths … history. Note which word precedes each subject for study. Remember! the definite article (**le**, **la**, **les**) is not required because the subject chosen (English, maths, history) is here really not a noun, but an adjective, describing the classes themselves. **Cours de géographie** has the sense of *geographical classes*. This principle applies in many other cases, as we shall see.

(d)   Which phrase, used by M. Allégri, relates to the value of something? This phrase is extremely useful in French, and can apply in all sorts of situations. Using the dialogue, how would you translate into French the sentence: *The price and quality of an article are important to me?*

(e)   Which expression relates to *knowing in more depth, getting to know more about* … ?

Expressions importantes

Les opinions!

When you speak about yourself or others:

1. The predominant tenses are, naturally, the present and the past. Remember that the present tense in French can conceal a past sense. We

do the same in English, sometimes, when relating events. Look at the following mini-dialogue, and particularly at the underlined tenses. Try to translate them appropriately as you go along:

Agent de police Oui, M. Dufour, je comprends bien ce que vous m'avez dit à propos de vos intentions ce jour-là. Mais qu'est-ce que vous avez fait après avoir fermé votre boutique?

M. Dufour Mais pourquoi voulez-vous le savoir? De quoi m'accuse-t-on ici? Et alors … en premier, je <u>cherche</u> mes lunettes. Ensuite … je <u>fais vérifier</u> la caisse … euh … puis je <u>me mets</u> à baisser les stores, … enfin … je <u>quitte</u> la boutique. D'habitude, mais non pas ce jour-là, je <u>baisse</u> les stores avant de vérifier la caisse.

2. There are numerous phrases which help you present your opinion whilst engaging your listener. Both main dialogues contain a number of these. Amongst them are:

---

si je l'ose dire (literally **si j'ose le dire**) *if I may say so*
pour moi
selon moi
à mon avis
vous savez
n'est-ce pas?

There are many more in French. Do look out for them, and remember how each is used.

3. In the mini-dialogue above, you will notice that M. Dufour is asked to relate a sequence of events. He is careful to order his reply in a certain way. How does he do this? Which words would you find most useful if you were in his position?

4. It is very tempting to over-use the verbs **croire** and **penser** when expressing a personal opinion. After all, we learned them early on. But the French have a number of natural alternatives which they frequently favour.

Instead of:

Je crois/pense que ... vous aurez des difficultés à faire ce travail
why not try:

J'estime que ... or ... **Je dirais que** ... or ... **Je suis de l'avis que** ... ?

A difficulty does arise, however, when you use all these verbs to express
a negative opinion or when asking for an opinion, as in *I don't think that ...*,
or *Do you think that ... ?* Such use normally requires a subjunctive form
of the verb which follows. This is dealt with in more detail in the grammar
summary at the end of Unit 3.

🎧 Notes grammaticales

1 The passive

Reference was made earlier to the use of the passive in French and
English. We must always be clear that what is passive in English does not
necessarily translate into a French passive. Nevertheless, its use in both
languages is often similar. In its most frequent form, consider the
sentences below:

Method 1

A friend invited the young man to dinner.
The young man was invited to dinner by a friend.

These may be translated by:

Un ami a invité le jeune homme pour dîner.
Le jeune homme était/a été invité par un ami pour dîner.

In the first example in French, the subject of the sentence (**un ami**)
performs the act of inviting. In the second, the subject (**le jeune homme**)
is, literally, passive. The 'agent' of the action (the doer) is **l'ami**,
introduced by **par**.

This expression of the passive is formed by appropriate parts of the verb **être** + past participle (including agreements) + (where necessary) **par** or **de** to indicate *by whom* the action was performed.

Method 2

The old and faithful friend: **on** or **l'on** can be used with an active verb in French (ie one which has a subject) to express the English passive. This does not of course mean that the French construction is passive! There used to be clearer rules about when to use **l'on** and when to use **on**, but modern French no longer obeys them. It is probably still best to use **l'on** after **et** or **si**, or if being really precise in speech, at the beginning of a sentence! Examine the examples which follow:

La jeune femme avait été interviewée (**passive** verb) la semaine précédante.
L'on avait interviewé (**active** verb) la jeune femme la semaine précédante.

Je ne sais pas si l'on devrait y aller.
On fait ce qu'on peut/ ce que l'on peut.

TIP: The French passive verb form in the first example allows for more exact detail – we could have added **par** (occasionally **de**) + the agent, which is impossible in the second example.

Method 3

Read the following Armagnac label, and underline the passive verbs. Then compare with the French original beneath.

> Armagnac, a fine digestif, is savoured by those who know it as an after-dinner drink. Its initial robust flavour is transformed on contact with the air into an irresistably elegant taste.

> L'armagnac, étant un digestif de qualité, **se boit** par ses amateurs en fin de repas. Son goût au premier abord un peu brusque **se transforme** au contact de l'air pour découvrir une finesse irrésistible

Note that the English passive is here rendered by a reflexive verb in French. A reflexive verb has as its **subject** and **object** the same person or thing.

Such verbs are usually **transitive** (i.e. they take a direct object in current usage – **transformer**, **boire quelque chose**). Please note that not all transitive verbs may be made reflexive, nor used for this purpose.

We shall deal in more detail with the use of reflexive verbs in later units.

At the end of this book, you will find a list of tenses in active and passive forms, using the verb **respecter**.

⚡Exercice pratique – 3

1 In the following sentences, you will need to translate some English passives. Use the most appropriate form in French. When the 'agent' needs to be expressed, be sure whether **par** or **de** is required to introduce it.

We don't know of a hard and fast rule, but **par** usually refers to more specific people and things, whilst **de** tends to be used in more general references. More things to learn by observation!

(a) The doctor was called about 10.30 a.m.
(b) Some wines are drunk quite chilled.
(c) New clients are usually welcomed by the restaurant-owner.
(d) Nothing was heard until after 8 p.m.
(e) He was given a present by his pupils.
(f) He was respected by all his friends.
(g) It could have been seen as an accident.

2 Read the following short passage, and fill in the appropriate forms of the verb in brackets. Underline those which are passive in French.

La crêperie s'est (**fermer**) en 1995. Six mois après, deux jeunes restaurateurs de la région (**être persuadé par/de**) leurs femmes d'en poursuivre l'achat. Depuis, le petit restaurant (**être**) refait à neuf, et on y (**avoir ajouter**) une terrasse ombragée. Dans tout ce qu'ils ont fait, l'on (**voir**) l'intérêt porté par le maire de la commune à ce projet courageux.

⚡Activités

A new French friend of yours has recently opened a small business (**un petit commerce**) – it's a hairdressing business. You go to see her/him. Script a short dialogue between the shop-owner and yourself, using where you can the constructions studied in this unit. You should be prepared to ask your friend about him/herself, about education, about training for the business, about use of time, and so on. You may find useful information and examples in the documents which follow.

SALON DE COIFFURE
TIF MODE
TARIF

Coupe	55 F
Coupe rasoir	65 F
Mise en plis	135 F
Permanente TIF	255 F
Permanente AMARI	300 F
Autres prestations:	
Ongles Fiducci	150 F

COIFFURE DAMES
SALON ELVIRE

Coupe normale ....55 F
Coupe au rasoir ....70 F
Mise en plis..............................130 F
Permanente BELLA ....275 F
Permanente AMARI..............290 F

Esthétique
Ongles AMARI ....125 F
Soins du visage à partir de ....150 F
Lifting......................consultez-nous

Esthéticienne qualifiée

Heures d'Ouverture
Du mardi au samedi
8h15 – 12h45
14h – 19h30

Ministère de l'Education nationale
Agence nationale pour l'Emploi

STAGE PROFESSIONNEL
SOINS DES CHEVEUX, COIFFURE

Durée des études:	2 ans minimum
Etablissement:	Lycée technique/
	IUT d'Allainville
Heures:	360 heures par an
Frais d'inscription:	988 F
Age minimum:	17 ans au
	1er avril 1997
Possibilité de	s'adresser au secrétariat
bourses:	6, rue Coupat,
	Allainville

La Coiffure Autrement
Sandrine Lebrun

Votre beauté doit beaucoup à celle de vos cheveux.

2 MADAME ALLEGRI PARLE DE SON ROLE

Madame Allégri is interviewed one week later by the same local media person. Here the discussion revolves around her contribution both to the business and her family.

Objectifs linguistiques

- to discuss routines and roles
- to use the conditional tense with or without **si**
- to accept and refuse politely

Dialogue 1

Madame Allégri révèle ses idées peu traditionnelles

Interviewer   Merci Bernard ... oui, oui, bien sûr je suis là ... ça passe bien!

Bonsoir, mesdames et messieurs, bonsoir à tous et à toutes ce jeudi soir 10 octobre. Nous voilà encore les invités de M. et Mme Allégri, restaurateurs très appréciés de Saint-Valéry-en-Mauges. Nos téléspectateurs ... nos plus accrochés enfin ... se souviendront sans doute de l'interview de la semaine passée avec René Allégri, alors ici, ce soir, au micro c'est le tour de Madame Allégri. Evelyne ... si vous me le permettez ... j'aimerais mieux vous appeler Evelyne que Mme Allégri ... seriez-vous d'accord avec tout ce qu'a dit votre mari l'autre jour?

Evelyne   Avec tout? Ce serait rare entre mari et femme, encore plus rare entre associés à part égale dans un petit commerce! Mais pour vous répondre, c'est oui et non ...

Interviewer   Pourriez-vous préciser un peu, expliquer quand même un peu votre pensée là-dessus?

Evelyne   Bien volontiers! René, mon mari, a d'importantes responsabilités quotidiennes: aller au marché, vérifier les commandes passées la veille, élaborer les menus et tout ceci avant de faire ce qu'il aime le plus: créer une cuisine régionale de qualité à un prix abordable. Et le problème pour lui, c'est qu'il reste un passionné de la restauration: il ne sait pas dire non.

Interviewer   Voudriez-vous dire donc qu'il vous laisse toute la responsabilité à la maison?

Evelyne   Non, pas du tout! … Si, au début peut-être … mais ça n'a pas duré. Pour dire vrai, si je lui avais demandé en début de mariage de me donner un coup de main à la maison, il l'aurait fait, sans enthousiasme, certes, mais maintenant, il évolue, n'est-ce pas …

Mots-clés

révéler ses idées	*to say what one thinks, feels*
ça passe bien	*I can hear you, it's working fine* (media link)
apprécié	*popular, well thought-of, well-liked* (**apprécier**, *to like*)
accroché(s)	(lit. 'hooked') (here) *regular viewers*
être d'accord	*to agree (with), to go along with* (opinion, etc.)
associé(e)	*partner* (business or profession)
à part égale	*equal share* (often in business or inheritance)
préciser	*explain, elaborate on*
élaborer	*construct, put together, create*
quotidien	*day-to-day, daily*
abordable	*reasonable, acceptable* (usually of prices, etc)
évoluer	*to develop,* (here) *to become more understanding*

Premiers secours

● Re-read Evelyne's last response in the first main dialogue. First she answers *No!*, then *Yes!*, using **Si!** rather than **Oui!** This is both correct and idiomatic French. Whenever someone asks a question expecting the answer *No!* and you beg to disagree by saying *Yes!*, **Si** always replaces **Oui**.

A similar sort of difficulty often arises when we are asked whether we should like something or another, and wish to reply, *Yes, please/thank you!* One naturally falls back on the French **Merci!** But do be aware that the simple response **Merci!** often means *No, thank you!* in French. That delicious second pâtisserie which you were offered could well disappear into the distance … Below are some relatively unambiguous ways of saying *Yes!* and *No!*, *Yes, please!*, or *No, thank you!* You will have the opportunity to practise them in an exercise later in this unit.

Acceptance

Oui	*Yes* (simple, factual agreement)
Oui, je veux bien!	*Yes, please! Yes, thank you!*
Oui, merci!	*Yes, please! Yes, thank you!*
Bien sûr!	*Oh yes! Of course!*
Ah oui! Plutôt ...!	*Oh yes! Rather!*
Oui! Bien volontiers!	*Yes, yes! Of course!*

Refusal

Non, merci!	*No, thanks. / Thank you!*
Merci, or (better), **non merci!**	*No thanks!*
Merci, je n'en veux pas!	*No, thank you!* or (modern) *Pass!*

Politely undecided or persuadable

Merci, non! ... je ne crois pas!   *No! ... better not!*
OR
Vous êtes très gentil(le), mais non! ... ah oui! ... peut-être ...
(... and the delicious pâtisserie re-appears, especially for you!)

Exercice de compréhension – 1

Reply to the following questions, using complete sentences:

(a) Quand l'interview entre Evelyne et le télé-journaliste a-t-elle lieu?
(b) Quelle expression en français correspond (à peu près) à *on the air*?
(c) Comment l'interviewer cherche-t-il à rendre l'interview moins formelle?
(d) Selon Evelyne, quel est l'aspect de son travail que préfère son mari?
(e) Que pense Evelyne de la contribution de son mari aux responsabilités de la vie familiale?

Exercice de dépouillement – 1

Answer the following questions:

(a) Which words or phrases in the first two paragraphs of the interview 'place' it in time and space?
(b) Pick out those words or phrases in the interview and **exercice pratique** which refer to jobs or position. Give their English equivalents, as near as you can.

(c) Re-read (and re-listen if possible) to the interview. List, in French, the formal ways of asking someone to repeat, or elaborate on a point they think they have made.

(d) Using the interview and the table, pick out those phrases which are used to express acceptance or refusal. Can you put them into the broad categories given in the following table? You may be able to tick more than one box!

Phrase	Strong	Moderate	Weak
Exemple: Non, Madame, je n'en veux pas	✓	✗	✗

◼ Notes grammaticales

1 Describing someone's actions

In conversation with French people, one often needs to be able to describe what someone does, either routinely or in more interesting special circumstances. Read the passage below, in which a young secretary (**dactylo**) describes her boss's movements on arriving at the office each day. Note how both the present tense, and the future tense, in the secretary's words, describe habitual or routine actions. If you have the audio, listen to the way in which the secretary lists the actions. Underline and distinguish which tense is which.

> Le patron arrive au bureau vers huit heures et quart. Il dit toujours bonjour, sans exception. Ensuite qu'est-ce qu'il fait … ah! oui! il regardera son planning, et commencera à lire son courrier. Quand il veut un renseignement, il me passera un coup de fil, c'est ce qu'il fait d'habitude … et je lui réponds tout de suite. S'il n'a pas beaucoup de travail à faire, il va téléphoner à ses amis. Si la météo est propice, il se pourra qu'il arrange une partie de golf pour le lendemain.

In the first main dialogue in this unit, and in the secretary's description of her boss's routine, are a number of examples of how to express a condition in French. One, in the main dialogue, is si **vous me le permettiez**, in the interviewer's introduction. The tenses used are broadly in line with those used in English. Nevertheless, we must learn which tense follows which in conditional sentences and which other uses these tenses may serve. At this stage you should listen to, and re-read the main dialogue and the secretary's contribution. Pick out the conditional sentences and tenses. Then read the following notes.

2 The conditional

Conditional sentences in English are mostly introduced by *If* …, and, in French, by its direct equivalent, **Si** … (this is not the **si** meaning yes!) Once you are sure that the sentence is a true conditional with **si** i.e. that the main clause expresses the result of the **si** clause, then you should follow the sequence of tenses shown below.
Consider these examples:

> *If he buys that car, he will drive much too fast.*
> *If he bought/were to buy that car, he would drive much too fast.*
> *If he had bought that car, he would have driven much too fast.*

In each, the *if* clause (called a dependent clause) expresses a condition or hypothesis, and the main clause the perceived result. The proper sequence in French is as follows:

Dependent verb (si clause)	**Main verb** (result)
si + present	future
si + imperfect	conditional
si + pluperfect (*had done*)	conditional perfect (*could have done*)

In no circumstances does the **si** clause (meaning *if*) ever contain a conditional tense!

Now translate the previous sample sentences, using the correct sequence of tenses! Note also that the order of the main clause and the dependent clause may vary, according to your style:

S'il avait voulu, il aurait gagné le prix.
Il aurait gagné le prix s'il avait voulu.

You will see that we refer to the true conditional with **si** in the grammatical notes above, where there is a main and a dependent clause to deal with. This can be distinguished from other uses of French conditional tenses, especially in conversational questions, where the presence of the main clause or the dependent clause may not be immediately apparent, but can be 'understood'. Re-read and, if possible, listen to the main dialogue between Evelyne and the interviewer. In the table below, we list the conditionals. Complete the correct form of the verb in brackets within the main or dependent clause or their 'understood' equivalent, where appropriate.

Main clause	*Dependent clause*
(aimer) mieux vous appeler …	… si vous me le permettiez
seriez-vous d'accord …	'understood': … si on vous **(demander)** votre avis
Ce serait rare …	'understood': … si ce que vous avez dit **(être)** vrai
Pourriez-vous préciser …	'understood': … si je vous **(poser)** la question
Voudriez-vous dire …	'understood': … si on vous **(presser)** de répondre
il l'**(avoir)** fait …	… si je lui **(avoir)** demandé

TIP 1: You should note that the conditional tense can only ever be part of the main clause.

TIP 2: The conditional using **pouvoir** and **vouloir** are essentially polite forms, and avoid the brutality of the simple present (*I want, I can*) by substituting *I should like to, I could.*

TIP 3: We mentioned the 'hypothetical' sense of the conditional. On its own, the conditional tense is often used to express what is an opinion, and not fact:

A en croire ma sœur, le socialisme **serait** notre seul salut, tandis que d'autres y **verraient** l'apocalypse.
If my sister is to be believed, socialism is our only chance; others see only disaster.

3 More about the conditional

We are continuing to spend some considerable time on the conditional construction. This is because of the frequency with which it is used, and its central role in expressing opinions with varying degrees of certainty/uncertainty.

Below, we remind you how to form conditional tenses. Because the conditional often relates to a hypothesis, or possibility, it seems to look to the future. This is useful for the learner as the present conditional is derived from the stem of the **future simple** tense of the verb chosen, together with the **imperfect**'s endings. This is true of main verbs of all families, and of **être** and **avoir**, used to form past tenses:

infinitive	future simple	conditional
aimer	j'**aimer**ai	j'**aimer**ais
répondre	il **répondr**a	il répondr**ait**
avoir	nous **aur**ons	nous au**rions**
être	ils **ser**ont	ils ser**aient**

The conditional perfect (*would have done*, as opposed to *would do*) simply adds the past participle to the appropriate form of the correct auxiliary, **être** or **avoir**:

> ils roulerait trop vite (*present conditional*) si …
> il aurait roulé trop vite (*conditional perfect*) si …
>
> elle se coucherait (*present conditional*) si …
> elle se serait couchée (*conditional perfect*) si …

TIP: Remember that not all French utterances beginning with **si** can take only a restricted number of tenses, as above. You may need a litmus test to determine which follow the rule above, and which can take a whole range of tenses. Look at the following sentences, and try to explain why they differ.

(i)	S'il se paie un tel chapeau, il sera la risée de tous ses copains.	If he buys a hat like that, he will be the laughing stock of all his friends.
(ii)	Je me demande finalement s'il se présentera aux examens.	In the end, I wonder if he will turn up for the exams.
(iii)	Mon père croyait que s'il faisait la vaisselle, il n'aurait rien de plus à faire.	My father thought that if he washed up, he would have nothing else to do.
(iv)	L'hôtel voulait savour si les clients arriveraient avant minuit.	The hotel wanted to know if the clients would arrive by midnight.

In fact, sentences (ii) and (iv) have an added dimension. They are indirect questions, where si actually means whether (or not) something will take place, according to someone's thoughts. Where si means *whether*, any suitable tense may be used.

TIP: This type of sentence is easy to identify: there is no clause to show the ***result*** of the **si** clause.

▌Exercice pratique – 1

Re-read the main dialogue and the mini-statement above of job routine by the secretary. Pay particular attention to tenses and to the way in which lists of actions are presented. Then read the information below about the young assistant manager. Using all this information, try the following task.

*You are a young assistant manager (**adjoint au gérant**) in a French hotel. As part of your further training (**formation**), you attend a short-course (**stage**). In one exercise, you are interviewed by a trainer (**animateur/trice**) about work routines in your current post.*

Complete the following dialogue by using the verbs in brackets and, finally, by explaining your duties.

Bar –
Hôtel
Restaurant
HOTEL DE TOURISME

Auberge
du Cheval Noir

CHAMBRES GRAND CONFORT (NN 1979)

Animatrice	Bonjour, Monsieur Dufrais.
Vous-même	Bonjour, Madame …
Animatrice	A partir de votre CV, je vois que vous êtes gérant dans un hôtel de luxe à Nice.
Vous-même	Non, Madame, je n'ai pas cette honneur, je (**être**) adjoint.
Animatrice	Ah! oui! Excusez-moi! Alors, (**pouvoir**)-vous me dire exactement ce que vous (**vouloir**) dire par 'adjoint'?
Vous-même	Oui, volontiers. L'adjoint au gérant, selon certains, (**être**) quelqu'un qui fait énormément de travail pour très peu d'argent!
Animatrice	Sans doute! Mais (**être**)-vous d'accord pour me raconter votre journée de travail, vos responsabilités, votre routine, enfin?
Vous-même	(*à vous l'honneur ici!*) Le matin, je me présente vers 7h30 …

Set out your work routine from some of the phrases shown here:

se présenter	*to attend, to put in an appearance, to turn up* (place)
faire un tour de	*to go round, do a tour of* (place)
trier quelque chose	*to do something* (esp. the mail)
passer des commandes	*to place one's orders* (for things)
vérifier les messages du répondeur	*to play back the answerphone*
faire les comptes	*to do the accounts*
accueillir les hôtes	*to welcome guests*

Dialogue 2

Madame Allégri révèle ses idées peu traditionnelles (*suite*)

Interviewer Vous est-il donc jamais arrivé de vous disputer sur la responsabilité de chacun, vu les exigences du métier et de la famille?

Evelyne Comme tout le monde sans doute, mais pas plus que les autres! Franchement, je vous avoue – et mes copines vont bel et bien m'y reconnaître sans doute – qu'on y a profondément réfléchi avant de nous marier. Ma mère avait bien raison d'ailleurs. Elle nous a dit à tous les deux que si nous voulions faire un bon mariage, il faudrait régler ce genre de choses bien avant de nouer le nœud.

Interviewer Et votre mère, elle serait d'accord avec votre façon de régler les choses?

Evelyne J'espère bien! Mais elle aurait sans doute des reproches à me faire, étant donné la différence d'âge et d'éducation. Elle n'a pas prévu, je crois, l'effort qu'il nous faudrait faire pour gérer un commerce, surtout actuellement. Si je lui avais tout confié, et que je lui avais donné des renseignements … disons … plus précis, elle s'y serait peut-être opposée, au mariage, je veux dire.

Interviewer Ça se pourrait! Qui sait si la franchise dans tel ou tel cas portera bonheur et si finalement nos proches nous en remercieraient. Eh bien, Evelyne, notre discussion ce soir tourne un peu au sérieux, n'est-ce pas? L'essentiel, c'est que vous nous avez confié sans rien cacher d'ailleurs combien il est difficile – quoique bien possible – de combiner les rôles de mère et de femme d'affaires. Merci, merci beaucoup.

Mots-clés	
Vous est-il arrivé de ...?	*Have you ever (done) or (had to do) ...?*
bel et bien	*thoroughly*
exigence (f)	*requirement, a 'must'*
copain (m), **copine** (f)	*mate, friend, pal*
avoir bien raison	*to be quite right, to have the right idea*
régler	*to sort out, establish ground rules*
faire des reproches (à)	*to criticise (difference of opinion)*
éducation (f)	*general upbringing (not just school)*
ça se pourrait	*possibly, maybe so*
franchise (f)	*openness, frankness*
vu le (les) ...	*given the ...*
tourner au sérieux	*becoming rather serious, heavy*

Premiers secours

● In personal interviews and conversations, we need expressions which don't always commit us. This is true in French and English. One such expression is Evelyne's **Comme tout le monde sans doute**. How many others can you find in the interview above?

● In Evelyne's first response to the interviewer, she uses a phrase which allows her to emphasise exactly who was given advice by her mother. Note that **Elle *nous* a dit *à tous les deux*** (or could be *trois* etc., if appropriate). Quite often, an adverb is used to add emphasis to a point being made. Re-read and listen again to the dialogue to identify which adverb seems most popular here – and note its position when used for emphasis.

● **Arriver à faire quelque chose** normally means *to succeed in performing an action*. But another very useful sense is the one in the interview, where it means *Have you ever ...* It is called the impersonal use, and will be summarised later in this unit. For now, just complete the English or French translation as required by the sentences given:

French	English
1. Vous est-il jamais arrivé de faire du ski?	_____
2. Lui arrive-t-il parfois de lire un bon roman?	
3. _____	Does she ever buy a paper?
4. _____	Have they ever watched TV?

● When there are two dependent clauses in the same sentence requiring **si** to introduce them (two *if* clauses), French does not repeat **si**, but replaces the second **si** by **que**. Listen to the interview again, or re-read it, and pick out the correct example of this.

Exercice de compréhension – 2

Answer in French, using complete sentences:

(a)   Quel problème aborde l'interviewer avec sa première question?

(b)   Qu'est-ce qu'ont fait Evelyne et son mari avant de se marier?

(c)   Quelle a été l'attitude de la mère d'Evelyne? Qu'est-ce qu'elle leur a conseillé?

(d)   Selon Evelyne, qu'est-ce que sa mère n'a pas vu à l'avance?

(e)   Comment l'interviewer termine-t-elle l'émission?

Exercice de dépouillement – 2

(a)   Pick out those words or phrases used in the interview to express opinions.

(b)   Record all the verbs of thinking or saying: place them in a suitable phrase.

(c)   Find the French phrases for:

> (i)   *your way of doing ...*
> (ii)   *let's say ...*
> (iii) *the main thing is ...*
> (iv)   *the necessary commitment*

(d)   Which words or phrases show doubt or hesitancy of opinion or action?

☑Exercice pratique – 2

1 Read the following French passage, and insert the appropriate verb form or word from the list.

Hier Joëlle a pris le bus pour aller à l'aérogare. Elle _____ prendre se voiture, mais il lui _____ des fois de penser écolo. La voiture _____ plus pratique _____, car elle avait une grosse valise. Si elle y avait pensé avant de quitter la maison, elle _____ _____ changé d'avis. Une fois à l'aérogare elle avait besoin de _____ pour savoir s'il fallait _____ la valise au service d'expédition, ou si elle avait le droit de la garder en cabine.

sans doute	**aurait** **peut-être** **arrivait**	**confier**
aurait été	**aurait pu**	**renseignements**

2 Translate into French:
   (a) I wonder if he will go to the doctor's tommorow?
   (b) If he buys himself a computer, and learns how to use it, he will get a job.
   (c) Go on! Ask if he went swimming yesterday!
   (d) To tell the truth, I don't want to leave.
   (e) He probably told you everything about himself, didn't he?

☑Activités

1 *You have been invited to stay with a French friend, Sophie, in Tours. You decide to visit a château the next day, but it is twenty kilometres away, and you don't have the use of the car.*

From the information in the documents below discuss your itinerary and timings using public transport. Give both sides of the discussion – your questions and Sophie's replies.

Sophie   Je propose qu'on visite le château de Saint-Valéry demain –
si ça t'interesse bien sûr.

Vous-même   (a) tell Sophie that you would love to go
           (b) ask how you will get there
           (c) ask whether the bus will be cheaper than the train
           (d) ask what there is to do if the weather is poor
           (e) say you have decided to hitch (**faire du stop**) on
                the return to save money …

LIGNE 34 *tous les jours*	*Transports Régionaux de Touraine* liaison autocars – TOURS – ST-VALERY		
Tours	dep	0812	1030
Aurin	d.	0820	1038
Chollet	d.	0840	1059
Merens	d.	0855	1115
Allat	d.	0905	1125
St-Valéry	arr.	0910	1130
jours fériés: service annulé			

| Aller simple: | 32,50 F | carte d'étudiant: | −10% |
| Aller-Retour: | 58,50 F | groups (prévenir SVP): | −20% |

Entrée du château: 15 F (adultes)
                         10 F (enfants)
Visite guidée: 20 F (adultes)
                         12 F (enfants)

Moins de 5 ans, gratuit
Groupes: s'adresser au bureau SVP

2   Sophie and you arrive at Saint-Valéry at 11.35. It is a tiny provincial
town with just a few shops and three restaurants. One, *La Gare*, is a
Relais Routier, well-frequented by lorry drivers, another is within the
Hôtel de l'Ecluse, a Logis de France, and guess what, the third is *Chez
René*. Before visiting the château, you decide to have lunch. You have
each set aside a maximum of 70 francs for lunch, and debate which
may provide the best value (**rapport qualité/prix**). Look at the three
menus overleaf and write down their strong and weak points (**points
forts/points faibles**) in terms of value-for-money.

RELAIS ROUTIER

La Gare

Menu du jour   *8 septembre*

* * *

hors d'oœuvres variés
melon de Lectoure
salade campagnarde

* * *

lapin à la moutarde
côte de porc à l'ancienne
omelette aux cèpes

* * *

crème caramel
pâtisserie du jour
fruits (selon saison)

* * *

café

PRIX FIXE TTC 58F, 50 *(¼ de vin compris)*
Aucun supplément n'est dû à la clientèle

Cartes Bleue, Visa, Mastercard

LOGIS DE FRANCE

HÔTEL DE L'ECLUSE

Déjeuner, le 8 septembre

Salade aux petits artichauts
Pâté de grives
Salade du pécheur
• • •
Salmis de pigeonneau
Cannette au morilles
Gigot d'agneau
• • •
Coffret de glaces aux fruits à l'armagnac
Pâtisserie maison
• • •
Tous nos plats sont garnis
68 F prix nets

Restaurant Chez René
Cuisine régionale

midi, le 8 septembre
Foie gras maison et ses toasts
Feuilleté de fruits de mer à l'aneth

– – –

Pièce de boeuf grand'mère et ses légumes
Plateau de fruits de mer
(min: 2 pers) (selon arrivage)
Salmis de canard au Sancerre

– – –

Pâtisserie maison ou
Plateau de fromages

70 F prix nets

Vin en sus

Restaurant	Points forts	Points faibles
La Gare		
L'Ecluse		
Chez René		

Mini-glossary

Use your dictionary to find English equivalents for the following words:

menu   carte   paiement   rapport qualité/prix
entrée   accueil   commande   en supplément
addition   formule   dessert   plat

3 | LES JEUNES ET LES PAS-SI-JEUNES

Here Evelyne and her mother meet and discuss family matters. This unit contains examples of personal letter-writing, and normal discussion of everyday matters. The vocabulary and expressions are extended well beyond these situations, and will help you to enhance your everyday capability.

Objectifs linguistiques

■ to deal with a personal letter
■ to express wishes, desires, and intentions
■ to know when and how to use the subjunctive mood and how to avoid it!
■ to use some colloquial expressions

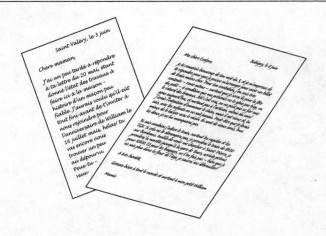

Texte 1

Evelyne écrit à sa mère ...

Saint-Valéry, le 3 juin

Chère maman,

J'ai un peu tardé à répondre à ta lettre du 20 mai, étant donné l'état des travaux à faire ici à la maison - histoire d'un maçon peu fiable. J'aurais voulu qu'il eût tout fini avant de t'inviter à nous rejoindre pour l'anniversaire de William le 16 juillet mais, hélas! tu vas encore nous trouver un peu au dépourvu. Peux-tu - veux-tu - venir chez nous vers le 12 du mois prochain - tu resteras avec nous autant que tu voudras, n'est-ce pas? Comme ça, nous serons en mesure de mieux te recevoir, bien qu'il y ait de fortes chances que la cuisine soit sans éléments. Avant qu'on ne les monte, il y a tout le coffrage du plafond à refaire. On a rouspété, mais que veux-tu qu'on fasse? Tant pis! On ne mangera que mieux au restaurant!

On peut s'arranger pour venir te chercher à la gare de Saint-Pierre-des-Corps, à la descente du train, dès que tu m'auras communiqué l'heure de l'arrivée.

A bientôt de te lire

Grosses bises de nous tous

Evelyne

... et ... reçoit une réponse

Bobigny, le 8 juin

Ma chère Evelyne,

Je te remercie beaucoup de ton mot du 3, et je m'empresse de te répondre pour que je puisse m'arranger pour avoir un billet de train moins cher. Pour ton invitation, j'en suis très contente – ravie même – surtout que je serai là pour la fête du petit – à condition que ma présence ne te gêne pas trop, vu le retard des travaux. Ah! c'est vrai, on ne peut pas se fier aux gens aujourd'hui, et surtout pas à l'artisan, même du coin! J'avais l'intention d'emmener le chien, mais il est vieux et, tu sais, avec les enfants on ne sait jamais. Peut-être que je ferais mieux de le laisser avec le voisin. Ils sont de vieux amis, tous les deux: je ne lui manquerai pas.

Tu sais combien j'adore le train, surtout les rapides et les TGV. Si cela ne te dérangera pas, je prendrai le train de 8h30 sur Bordeaux. Inutile de venir me chercher à Saint-Pierre, je prendrai la navette jusqu'à la gare de Tours, arrivée prévue pour 10h10. Et pour les bagages, ne t'en fais pas – bien que je ne sois plus dans la fleur de l'âge, je saurai me débrouiller!

A très bientôt,

Grosses bises à tout le monde et surtout à mon petit William

Mamie

> **TIP** In both letters, there are phrases which can be useful when you need to thank someone, but both also contain tentative statements which help the writer ask for favours – indirectly. Note these strategies, like **je saurai me débrouiller** in the letter above, and record them for future use.

Mots-clés

avoir tardé à	*to have delayed doing* (something)
travaux (m pl)	*building, renovation work*
fiable	*reliable*
histoire (f) de	*the usual story of …*
au dépourvu	*unprepared*
autant que	*as long as, as much as*
éléments (m pl) de cuisine	*fitted units*
coffrage (m)	*false ceiling*
rouspéter	*grumble, complain, object*
mot (m)	*note, brief letter*
à condition que	*only if, on the condition that*
se fier à	*to rely on, trust*
du coin	*local, of the area*
inutile de	*don't bother* (doing something)
manquer à quelqu'un	*to be missed by someone*
navette(f)	*shuttle service*
ne t'en fais pas	*don't worry about it*
fleur (f) de l'âge	*first flush of youth*

Premiers secours

● When writing a personal letter in French – as in English – there are some conventions which are generally followed. These have changed somewhat in the last few years, usually towards informality. Look again at the two sample letters above. Which basic similarities do they display in beginnings and endings, and which differences (if any) from your own style?

● **Vous** or **tu**? How do we decide which to use, and when? This can be a major difficulty for the non-native speaker. Our rule of thumb for the language learner is *Look and listen!* Any clue from the correspondent or listener is useful, and best imitated. If you are in any doubt, use the more formal **vous**, except with small children.

● When you send a letter, the PTT prefers you to use the postcode which relates to the département and postal district. It is usually placed before the name of town or village. Note that if you are sending a letter to a family, it is usual to address the envelope to an individual or couple and not, as is sometimes done in English to, say, *The Smith family*. If you see **La famille Dubois** and the like, it is mostly on tombstones.....

Monsier et Madame René Allégri
"Les Rosiers"
Route de Rochecorbon
37100 SAINT-FAUST

La Famille
Vallès

ci gît

● Planes and boats and trains! When reporting times and destinations, care needs to be exercised. Look at the following general guide. If possible listen to this on the audio as well. We shall use trains in the examples.

(a)   Le train rapide 755 … à destination de Paris … entre en gare. Deux minutes d'arrêt.
      This is a transcript of a tannoy-style announcement, clearly meaning *The Paris train is about to arrive* etc.

(b)   *Oui, Monsieur, le train de Paris entre en gare.*
       Not quite so clear, this actually duplicates the meaning of example
       (a). It does not mean *from Paris*! If you wish to indicate where the
       train comes from, you will need part of a verb or another expression
       to reduce ambiguity: ... *le train venant de Paris* or, much better, ...
       le train en provenance de Paris.

(c)   Recently, a more colloquial usage has made some headway when
       describing destinations. Evelyne's mother uses it. Can you find it?

Get a little practice by translating into French and repeating the following
tannoy-style announcements. The word list will help you choose the
correct expressions.

 • *The Toulouse-Paris train is about to arrive at platform 6.*
 • *Express number 354 is about to leave. Mind the doors, please!*
 • *This is Saint-Pierre-des-Corps. Shuttle service for Tours, platform 8.*
 • *Connection for Vierzon, platform 9.*

Attention au départ!	**voie ...**	**correspondance**
Dégagez les portières!	**en provenance de**	**navette**

📝 Exercice de compréhension – 1

Answer the following questions in French, using complete sentences:

(a)   Pourquoi Evelyne n'avait-elle répondu à sa mère plus tôt?
(b)   Qu'est-ce qu'elle aurait voulu faire avant de l'inviter?
(c)   Quelle est la date prévue pour l'arrivée de sa mère?
(d)   Pourquoi la cuisine sera-t-elle sans éléments?
(e)   Comment la mère d'Evelyne exprime-t-elle sa joie à l'invitation?
(f)   Où a-t-elle l'intention de laisser son chien?

🔧 Notes grammaticales

1 Wishes

In this section, we are going to deal with ways of saying or writing about
what you wish to do. At its simplest, a wish is expressed by the present
tense of **vouloir**. There are other verbs, such as **souhaiter** and **aimer**, but

these often need to be expressed in the conditional + another verb to complete the sense:

> Je veux une pomme
> Je veux partir
> J'aimerais avoir un chien
> Il aurait souhaité voir sa tante avant de partir.

To avoid the harshness or over-directness of the simple present form, the future, the conditional or conditional perfect are often used. Can you find examples in the letters? In these forms, the sense is often that of stating a preference, rather than a straight *want* or *need*. **List the examples you have found, and translate them into the nearest English equivalent**.

Equally, the French expression **avoir envie de** can be helpful, though it generally applies to *wanting to do something*, rather than *wanting*:

> J'ai envie de partir en vacances demain, ou peut-être après-demain.
> Pourquoi? Parce que j'en ai envie, c'est tout!

2 Désirer

Désirer has the English sense of *to desire*, but is often commonly used in restaurants and cafés. Read and if you have the audio, listen to the following exchanges in a French café.

Sylvie et Christiane se promènent à Paris. Elles ont soif ...

Sylvie   J'ai soif. As-tu envie de boire quelque chose?
Christiane   Oui, bien sûr. Entrons ici.
Sylvie   Où veux-tu t'asseoir? Au fond?

Elles s'installent à l'intérieur. Christiane voit le garçon.

Christiane   Monsieur, s'il vous plaît …

Garçon   Bonjour, mesdemoiselles, alors, que désirez-vous?

Christiane   Je prendrai un café, s'il vous plaît.

Garçon   Et vous, mademoiselle, qu'est-ce que je vous sers?

Sylvie   Alors, moi, je voudrais un citron pressé, s'il vous plaît.

Note that civility often dictates the use of **s'il vous plaît** in these circumstances. Which other phrase in the scene above can also mean *What would you like?*

At home, a similar phrase is used when asking adult friends what they might like to drink. Generally, one avoids the brutal **Que voulez-vous boire?**, using the politer form, **Qu'est-ce que je peux vous offrir?**.

3 Intentions

The most useful phrase is the common **j'ai l'intention de** … But don't forget that **aller** + another verb can sometimes serve the purpose, as can the future tense on its own, although these forms are much stronger:

> Je vais repeindre ma chambre un de ces jours.
> Je repartirai sur Paris ce soir.

4 The subjunctive mood

Many students of French (as of other languages, including English) overestimate the difficulty attached to this aspect of the verbal system. You will find, in the annexes, how to conjugate its tenses. Any good grammar will also have it in tabular form. *Here, we will only use the subjunctive when absolutely necessary.*

When and why, is the subjunctive used?

First, *when* it is used?

(a)   It is rarely used in the main clause, so is usually found after **que**.

(b)   It is almost invariably used after **vouloir** and other verbs of *wishing*

(c)   It is frequently found after verbs expressing an emotion, such as *fear*, *doubt* and *regret* (**craindre/avoir peur**, **douter/ne pas croire**, **regretter**).

(d) It is used after some impersonal verbs (**falloir/il faut que**, **importer/il importe que**).

(e) It is used with expressions of possibility/probability.

(f) It is used with verbs of command or prohibition (**ordonner**, **interdire**).

(g) It is often used with verbs of opinion (**espérer**, **croire**, **penser**, **nier**), but only when used negatively or interrogatively.

(h) It is used after certain conjunctions. The list is extensive, so the exercises will contain only common ones.

Now, *why* is it used?

Here are a few signposts to help you judge when the subjunctive may become necessary.

TIP 1: Whether or not you use it often depends on the **outcome** of an action or thought. When the speaker makes her/his statement, **but cannot predict for certain the outcome of what she/he says**, then the subjunctive is generally used.

Look at the following exchanges and, if possible, listen to the audio. Underline the subjunctives and identify why the subjunctive needs to be used, using the list above.

Paul   Je voudrais plutôt **qu'il vienne** demain, ton frère; aujourd'hui je suis un peu débordé.

Sylvie   Je ne sais pas s'il sera libre de venir, je vais téléphoner …

Sylvie passe dans une autre pièce, compose le numéro de son frère Henri

Sylvie … Henri, c'est toi? Oui, bon … je te téléphone à propos d'aujourd'hui, oui … C'est Paul tu sais, il est un peu débordé en ce moment … enfin, il préfèrerait que tu viennes un autre jour. Pourquoi pas demain?

Henri Mais tu sais que demain, c'est la fête d'Annie; je ne pense pas que je puisse me libérer … et je crains fort d'ailleurs qu'il n'y ait la grève des transports qui vienne se mêler à tout ça. Alors, qu'est-ce qu'on fait? Crois-tu qu'il soit d'accord pour que vous veniez me voir, moi, la semaine prochaine? Qu'en penses-tu?

Sylvie   Bonne idée … Les enfants exigeront qu'on prenne le train – tant mieux, la route est abominable. Et le jour – mardi serait le mieux, n'est-ce pas? Oui, oui, je suis sûre et certaine, on viendra comme convenu.

TIP 2: Look at the tenses used in the subjunctive. There is a formal sequence, depending on the main clause, but modern French, especially in speech, favours the ***present subjunctive*** (in particular) and the ***perfect subjunctive***, in the subordinate clause.

One exception here is the ***third person singular*** of the ***imperfect subjunctive***, which is neat enough to be used. Can you find one in the dialogue above? Since you will have to learn at least the present subjunctive of **avoir** and **être** to form other tenses, this simplification is no bad thing! A table in the **Grammaire-éclair** gives the necessary conjugations.

TIP 3: Another major use of the subjunctive is to indicate ***degrees of probability and possibility***. The following table is a useful guide:

main clause		subjunctive/indicative
Il est certain Est-il certain		Paul viendra demain. Paul vienne demain?
Il est peu probable Il est probable	*que*	Paul vienne demain. Paul viendra demain.
Il semble Il me semble		Sylvie ait tort. Sylvie a tort.
Il est possible/ il se peut Il est impossible		Sylvie ait raison. Sylvie ait raison.

The above main clauses are shown in the present tense only. Please note that other tenses will change the tense of the subordinate clause in line with the sequences shown on page 29.

Conjunctions and the subjunctive

Conjunctions connect one clause to another. Simple ones are **et** and **ou**. But French and English have a huge range of conjunctions which help express the *timing* of actions, the *conditions* under which actions take place, even why they take place. In French, a number of the most useful may need to be followed by a subjunctive. One or two can be followed by either the indicative or the subjunctive, but their sense changes.

TIP 4: Conjunctions requiring the subjunctive generally introduce events or actions which have not yet happened, which remain hypothetical (however purposeful!), or are in some way **conditional** or **judgmental**. It's frequently a question of *fact* versus *non-event*! Look at the following examples:

- Lucien veut partir **avant qu'il ne fasse** de l'orage.
  *Lucien wants to leave **before** the storm begins.*
        fact   non-event (It has not yet begun.)

- **En attendant qu'il nous fasse** voir le menu, parlons de votre problème.
  While waiting for him to bring the menu, let's chat about your problem.
    non-event   fact

- **Pour que vous puissiez** dormir chez nous, je vais acheter un lit de camp.
  So that you can come to stay, I am off to buy a camp bed.
    non-event   fact

- Il fera de son mieux **à condition que vous passiez** le voir samedi.
  He will do his best only if you go to see him on Saturday.
        fact   non-event

- **A moins qu'il ne soit** ultra-intelligent, elle ne sortira pas avec lui.
  Unless he is really intelligent, she will not go out with him.
      judgement/non-event   fact

- **Bien qu'/quoiqu'elle soit** jeune, elle a maîtrisé son sujet.
  Although she is young, she is on top of her subject.
      judgement   fact

The keynote in the above examples is that subjunctive clauses introduced by such conjunctions seem to be based on some sort of assumption by the speaker. The rest of us, of course, may not agree …!

So, to remind yourself of the difference, note the following:

● Jean est parti de Paris **après qu'il a reçu** ses résultats.
  *Jean left Paris **after** receiving his results.*
         fact   fact

> *TIP 5*: **The subjunctive and its complications can sometimes be avoided**. Look at the examples below, all of which are currently employed in good French.

(a)   When the *subject* of *both* clauses is the same, using an infinitive may be neater:

    Janine est partie avant qu'**elle** ne voie la fin.
    Janine est partie **avant de voir** la fin.

    En attendant que **je** reçoive le courrier, **je** passerai un coup de fil à Paul.
    En attendant de recevoir le courrier, je passerai un coup de fil à Paul.

(b)   Again, when the subject of both clauses is identical, some conjunctions can be used on their own, without **que** or even **de**, to express an idea neatly:

    Quoiqu'**elle** soit jeune, **elle** a maîtrisé son sujet.
    Quoique jeune, elle a maîtrisé son sujet.

    Janine est partie sans qu'**elle** ne voie son ami.
    Janine est partie **sans voir** son ami.

    Pour que **vous** puissiez me comprendre, **vous** devriez m'écouter sans écrire.
    Pour pouvoir me comprendre, vous devriez m'écouter sans écrire.

The Grammaire-éclair (page 155) contains a list of conjunctions and their meanings, and advice as to whether they can be used without the subjunctive.

⚡ Exercice de dépouillement – 1

Tu or **vous**? After re-reading the letters and studying the **Résumé grammatical**, read, and preferably listen to the following four mini-dialogues. Try to work out why each speaker uses a particular form. Use these examples to work out your own **aide-mémoire**.

1. *Teacher to young pupil, indicating a task to perform*

Enseignant   Oui, William, tu as raison 19 plus 13 font 32. Va me le montrer au tableau. Dis-moi comment tu as fait pour y arriver, au total.

William   Oui, Madame, je le fais comme vous nous l'avez montré … j'ecris 19 plus 13 … et je fais 9 plus 3 qui fait … 12; … 2 et un de retenue (*carry one*). Puis j'ajoute 1 plus 1 plus 1 de retenue, pour faire 32 !

2. *Patient to GP in surgery, asking about diagnosis*

Médecin   Bien sûr, Madame Dufrais, il vaut mieux que vous consultiez un gynécologue pour ce genre de complication. De telles affections sont de plus en plus fréquentes, et je vous conseille donc de prendre rendez-vous avec le Professeur Yves Collet, de Toulouse.

Mme Dufrais   Je veux bien, docteur, mais comment voulez-vous que j'y aille, vu l'état de santé de ma fille?

3. *TV advert extolling virtue of product, encouraging M et Mme to buy …*

Vendeur   Et vous Mesdames … et vous Messieurs, ne vous fatiguez plus à composer toute la gamme des couleurs harmonieuses en matière de jardinage: nos experts, tous spécialistes en plantes vivaces, vous assembleront une palette de coloris extra! … Et oui, Monsieur, vous avez droit au paiement en trois fois – mais gratuit!

4. *Pupil makes mistake, and is gently corrected*

L'élève   Veux-tu que je te donne mon cahier de notes? J'ai fait mon devoir, comme tu me l'as demandé.

Le Prof   Je sais bien que quand vous étiez au collège, tout le monde se tutoyait – mais ici, au lycée, nous gardons quand même le minimum de correction. Vous comprenez?

L'élève   Excusez-moi, Monsieur, je n'y avais même pas pensé.

⚡Exercice de dépouillement – 2

Wishes, desires, intentions. Fill in the blank spaces with the appropriate word or words from the list which follows the exercise.

(a) Je _____ absolument partir avant qu'il n'arrive.

(b) As-tu _____ de voir mon petit chien?

(c) C'est décidé, il _____ ce soir.

(d) A-t-il _____ de nous aider, ou pas?

(e) Oui, Madame, qu'est-ce que je peux vous _____ ?

(f) Que _____ Monsieur, un café, peut-être?

(g) Il _____ offrir à boire à tous ses amis, mais il n'en avait pas les moyens.

(h) Où _____-vous vous mettre, cher ami, ici ou là-bas?

servir	**partira**	**l'intention**	**aurait souhaité**
voudriez	**envie**	**désire**	**veux**

⚡Exercice pratique – 1

1 **The subjunctive**. In each question below, you will find two sentences in French. Can you combine them into one sentence using the conjunction given, and the correct tense/mood? Change the order of the clauses only when necessary for the sense. Not all the conjunctions shown have been dealt with above – use your dictionary.

(a) Les jeunes sont partis.
     Je ne leur ai pas donné leurs résultats. (**sans que**)

(b) Paul est déjà là.
     Les autres ne sont pas arrivés. (**bien que**)

(c) Maurice est très sportif.
     Il est âgé. (**quoique**)

(d) Il mangera avec nous.
     Il n'est pas en retard. (**à condition que**)

(e) En mari dévoué, il l'attendait toujours à la gare.
     Elle arriva. (**jusqu'à ce que**)

(f) Marie est allée voir son frère.
     Elle est venue nous voir après. (**avant que**)

In which examples above can you avoid the subjunctive? Re-write them, doing so.

2   Finally – some practice with the general use (or avoidance) of the subjunctive.

Fill in the appropriate form of the verb:

(a)   Il est certain que le restaurant (**être**) ouvert le soir.
(b)   Il me semble que la moitié de nos amis (**être partis**) en vacances.
(c)   Croyez-vous qu'elle (**venir**) nous voir?
(d)   Je ne pense pas que Marc (**avoir**) tort de parler ainsi.
(e)   Pourvu que tu (**pouvoir**) venir me chercher, j'amènerai tout ce qu'il nous faut.
(f)   Il a fallu qu'elle (**téléphoner**) pour avoir son billet.
(g)   Il est peu probable que Claire (**avoir**) le temps de passer à la bibliothèque.
(h)   Il était impossible que Paul (**venir**) sans les prévenir.

4 | LA SANTÉ: UNE VISITE À DOMICILE

In this unit Evelyne's mother is with her daughter and son-in-law as planned, feels ill and unable to go to their family doctor's surgery. When her temperature rises suddenly, the doctor is called. In this unit, you will learn a little about how the French health service works, and how to express discomfort or pain.

Objectifs linguistiques

■ to describe physical discomfort and illness
■ to use some impersonal verbs
■ to deal with health matters

 ## Dialogue 1

Evelyne monte le petit-déjeuner à la chambre de sa mère, un peu malade depuis la veille.

Evelyne Bonjour, maman, je t'apporte un peu de café au lait et un croissant. Comment te portes-tu ce matin? Mieux qu'hier, du moins je l'espère.

Maman Bonjour ma chérie, mais je n'ai pas dormi de la nuit, tant je suis mal fichue .... je me suis retournée, retournée sans pouvoir vraiment m'installer confortablement. Et ce matin, alors, alors … je regrette que cela n'aille pas mieux. Peut-être que je devrais téléphoner pour prendre rendez-vous chez le médecin. Ton médecin de famille travaille uniquement sur rendez-vous?

Evelyne Non, non, maman, je vais téléphoner: il peut bien te faire une visite à domicile, cela sera mieux pour toi finalement, et je ne veux pas que tu te déplaces dans cet état, mieux vaut se faire

soigner ici. Au fait, est-ce que tu a pris ta température? Hier au
soir tu faisais 38°, si je me souviens bien.

Maman   Si, je viens de la prendre, j'ai 39,2.

Evelyne   Mais ça fait 1,2 degrés de plus! C'est pire qu'hier! Tu as de
la fièvre! Oh! je vais téléphoner au toubib dès maintenant.
Reste-là au calme, je reviens tout de suite.

Maman   Pas de panique, je t'en prie: je suis plus résistante que tu ne
penses!

Evelyne descend pour contacter le cabinet du médecin.

Mots-clés	
ne pas dormir de la nuit (coll.)	*not to sleep a wink*
mal fichu(e)	*to feel unwell, rotten*
se loger confortablement	*to get comfortable*
prendre rendez-vous	*make an appointment*
se faire soigner	*to have treatment*
visite (f) à domicile	*home visit*
faire, avoir de la température	*to have, run a temperature*
faire, avoir de la fièvre	*to have a high temperature, to be feverish*
le toubib (coll.)	*the doc, the quack, the M.O.*
dès maintenant	*straight away, PDQ.*
mieux vaut + infinitive	*it's better to* (do something)

Premiers secours

● Note how Evelyne and her mother deal with simple questions about
health. Responses tend to be fairly colloquial, as you will see from the
Mots-clés above. Which simpler phrase could Evelyne have used in her
initial enquiry about her mother's health? In fact, Evelyne is quite correct in
choosing her reflexive verb here: it is more appropriate to a health matter.

● Note also how Evelyne's mother, Madame Dubois, expresses slight
hesitancy about what she should do. The phrase **Peut-être que je devrais**
is very useful in other circumstances, but you should also note that **peut-
être** at the beginning of a sentence commands a verb inversion: **Peut-être
devrais-je ...** . How has Madame Dubois avoided this complication?
Try to follow her example in ordinary speech!

• The expression **se faire** + infinitive is widely used to cover an action which one has someone else do *to* or *for* oneself:

> Elle **se fait soigner** par un jeune médecin.
> *She **is being looked** after by a young doctor.*

> Il **se fait construire** une belle piscine par cette entreprise.
> *He **is having** a super swimming pool built by this firm.*

➤ Exercice de comprehension – 1

Reply in French, using complete sentences:

(a)   Comment Evelyne s'informe-t-elle de la santé de sa mère?
(b)   Quels ont été les effets de la maladie sur Mme Dubois?
(c)   Que veut faire Mme Dubois pour se faire soigner?
(d)   Pourquoi Evelyne se charge-t-elle de tout faire?
(e)   Quelle est la réaction d'Evelyne quand elle apprend la hausse de température de sa mère?

⬛ Notes grammaticales

Earlier in the course (see page 8), we dealt summarily with physical description. Here, and in *Dialogue 2* in this unit, we are to add some impressions of states of mind and body. The following expressions may be useful:

• **se porter** ⎱ bien/assez bien/mal/assez mal
  aller   ⎰ mieux/pire

(comparative forms of **bien** and **mal**)

• **avoir l'air** + adjective or infinitive + adjective:

> Elle a l'air heureuse depuis sa réussite.
> Elle a l'air d'être triste depuis son échec.

• **avoir** bonne/assez bonne/mauvaise/assez mauvaise/ **mine**

This expression in colloquial French is very useful to express someone's expression or general demeanour.

> Elle a assez mauvaise mine.
> *She doesn't look/seem very well.*

> Il a bonne mine.
> *He looks really well.*

Il a mauvaise mine.
He looks off-colour/unwell.

And if things are really serious!

Il a une mine de déterré.
He looks like death warmed-up, like a corpse.

✔Exercice pratique – 1

How will Evelyne make that appointment for her mother? Look at the
following telephone dialogue, and fill in the appropriate phrases from the
list at the end.

Evelyne   Bonjour, Madame, c'est _____ du docteur Al-Raschid?

Secrétaire Oui, Madame, c'est son secrétaire qui est _____ Je vous
_____ .

Evelyne   Oui, bien, – c'est ma mère – elle est malade depuis hier. Trop
malade même pour venir en ville: _____ donc demander
une visite _____ ?

Secrétaire Mais bien sûr, attendez … . Et son nom, s'il vous plaît?
Dubois, oui, cela s'écrit comment? D-U-B-O-I-S. Ah! vous
êtes Madame Allégri … Alors il a _____ à 17h et 17h20 ici,
mais il sera _____ après. Où _____ exactement, pas trop loin?

Evelyne   _____ est à dix minutes du bureau, sur la route de
Rochecorbon. De toute façon, le docteur nous connaît bien.

Secrétaire Si vous êtes _____, je vais marquer 18h, oui, _____ .

d'accord	**à domicile**	**entendu**	**écoute**
pourrais-je	**on**	**à l'appareil**	**habitez-vous**
	le cabinet	**rendez-vous**	**libre**

Note, too, that you may be asked how to spell your name, either over the
phone or in face-to-face contact. If you have the audio, listen to the French
alphabet to remind yourself of the phonetics. One way of being asked to spell
out something is given in the mini-dialogue. Another is to use the verb **épeler**.

Pouvez-vous me l'épeler, s'il vous plaît?
Can you spell it for me, please?

On the telephone, you may also need to overcome poor transmission quality, or other difficulties. In these circumstances, the French have conventions which distinguish letters more clearly (like our *G-for-George*, *A-for-Alice* etc). It would be tedious to learn the official list, so just remember that you say the letter + **comme** + suitable illustrative word, for example:

P comme … poumon
T comme … téléphone
A comme … accident

Docteur Yves Bonami
ancien interne des hôpitaux de Paris
médecine générale
consultations sur rendez-vous
lundi, mardi, vendredi
8h30–11h30
16h15–19h00

Exercice pratique – 2

You are a new medical secretary in the local GP's practice. You receive a phone call in which an intending patient seeks an appointment. Using all the materials above, and what you have learned in other modules, try to elicit the required information.

Patient Bonjour, Madame, je vous appelle pour avoir un rendez-vous avec le docteur Bonami.

Vous *You ask whether she is on the doctor's list.*

Patient Oui, oui, mais depuis peu.

Vous *You ask if the appointment is for her, and her name.*

Patient Oui, bien sûr, pour moi, et … je m'appelle SMITH Maryse. Smith c'est un nom anglais, mon mari est anglais.

Vous *You begin to spell her surname … S-C-H-M-I-D-T …*

Patient Non, non, madame, ce n'est pas ça, c'est SMITH.

Vous *You apologise, and ask her how to spell out the surname, which you repeat correctly, S-M-I-T-H. You offer her an appointment for Friday, 27th May, at 6.30pm, which she accepts.*

Dialogue 2

Le médecin de famille, le docteur Al-Raschid, fait la visite à domicile arrangée par Evelyne. Il monte à la chambre de la personne âgée …

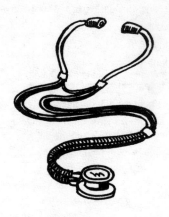

Médecin	Bonjour, Mme Dubois. En vacances, et pas trop dans votre assiette, à ce que me dit votre fille.
Mme Dubois	C'est vrai, docteur … une grippe sans doute … de la fièvre, c'est tout.
Médecin	Oui, sans doute, mais mieux vaut vérifier, n'est-ce pas? Voilà, votre température est un peu élevée, ça fait bel et bien 38,4. Et comment vous sentez-vous … pas de maux de tête, par exemple? Des douleurs dans les jambes ou dans les bras?
Mme Dubois	Hier, j'avais un mal de tête horrible, horrible, mais je ne l'ai plus, heureusement. Mais de temps en temps je me sens étourdie, oui, comme un vertige ... oui, c'est bien ça, un vertige.
Médecin	Et des douleurs, peut-être?
Mme Dubois	Vous savez, docteur, quand on est âgé, on a toujours des douleurs, des tiraillements …! Mais c'est vrai, j'ai un peu mal à la jambe droite depuis quelques jours et puis comme des épingles au bras gauche …

Médecin	Ah! ah! … oui. Voyons, Mme Dubois, je vais vous ausculter et, pour être sûr, prendre votre tension. Etendez votre bras s'il vous plaît, pour que je mette le brassard. Vous êtes chez votre fille pour longtemps …? (*il rassure la vieille dame*). Ah! oui! C'est ça, votre tension est un peu basse aujourd'hui.
Mme Dubois	C'est grave, docteur? Je n'ai jamais eu de problème de cet ordre auparavant. Jamais …
Médecin	Ne vous en faites pas, Madame Dubois, cela arrive souvent à partir de soixante ans que la tension artérielle baisse, ou du moins qu'elle soit plus sensible aux … aux …enfin aux … changements de régime, disons. Je vais vous donner une ordonnance et la feuille de maladie – vous avez raison, c'est une grippe. Or, pour être sûr et certain, je vais vous demander de vous faire faire une radio pulmonaire d'ici quelques jours.
Mme Dubois	S'il le faut, docteur, s'il le faut … et merci d'être venu me voir, merci beaucoup.

Mots-clés

personne (f) **âgée**	*an old person* (male or female)
assiette (f), **dans votre**	*feeling yourself, feeling good*
grippe (f)	*flu*
bel et bien	*well and truly, really*
mal (m) **de tête**	*headache*
étourdi(e)	*dizzy, light-headed*
vertige (m)	*vertigo, light-headedness, giddy*
tiraillement (m)	*twinge of pain*
ausculter	*listen to heart and lungs*
tension (f) **artérielle, sanguine**	*blood-pressure*
brassard (m)	*inflatable cuff*
ordonnance (f)	*prescription*
feuille (f) **de maladie**	*certificate of illness* (for social security purposes)
radio (f), **faire faire**	*to have an X-ray taken*
pulmonaire	*lung-related, 'chest'*

Premiers secours

1. Remember that the description of parts of the body or how they feel is different in French. In general terms, French uses **à** + **the definite article** where English would use a straight possessive adjective. So, *I have pain in my left knee* becomes, in French, **J'ai mal au genou gauche**. This difference is not always observed in colloquial French, and you may see the possessive used as in English.

2. **Cela/il arrive (souvent) que** + subjunctive. This is a useful phrase for general statements made in discussion. The subjunctive is used because it is frequently an unsubstantiated assertion!

> Il arrive souvent qu'il prenne des comprimés d'aspirine.
> *He often takes aspirin tablets.*

But note the following use of the phrase *without* the subjunctive. You must, however, insert a dative pronoun (**me, te, nous, vous, lui, leur**) to show to whom the action happened:

> Il lui arrive souvent d'oublier son numéro de téléphone.
> *He/She often forgets his/her telephone number.*

If you need to distinguish the gender of the person concerned, adding **à lui** or **à elle** can sometimes clear up an ambiguity. It does add an element of emphasis which you may not wish to use:

> Il lui arrive souvent **à elle** d'oublier son numéro de téléphone.
> *She often forgets her telephone number.*

Some other uses of common impersonal verbs follow in the following *Notes grammaticales*.

☑Exercice de compréhension – 2

Reply in French, using complete sentences:

(a) Mme Dubois croit avoir découvert pourquoi elle est souffrante. Quel est le nom de sa maladie?

(b) Comment le médecin établit-il son opinion sur la maladie de Mme Dubois?

(c) Quels sont les symptômes de la maladie de Mme Dubois, selon elle?

(d) Que veut faire le docteur Al-Raschid pour être sûr qu'il s'agit d'une simple grippe?

(e) Dans l'immédiat, que fait-il pour soulager ses symptômes?

Notes grammaticales

1 Describing illness

(a) We have already dealt briefly with the description of simple illness. In general terms, physical illness referring to tangible parts of the body follows the rule:

Sufferer	+	**avoir**	+	*pain*	+	**à**	+	*definite article*	+	*location*
Paulette		a		mal/une douleur				à + le = au		cou

But there is another way of saying this too. You can use the same structure that you have learnt for describing parts of the body (j'ai **les** jambes longues, il a **les** cheveux courts):

> J'ai **les** pieds glaçés.
> Il avait **le** front tout en feu.

(b) Named illnesses need different methods of description. For example, the English method of referring to a sufferer as *having illness X* can also be used with the structure. **Except** in the case of *la grippe*, the illness is usually preceded by the **indefinite article**:

> Elle a eu la grippe / une angine / une bronchite / un rhume.

Again, French, like English, frequently uses a suitable adjective to describe some conditions. This adjective may also be the same as the noun used to describe a chronic sufferer:

> Elle souffre de la boulimie. / Elle est boulimique.
> Je souffre / J'ai de l'asthme. / Je suis asthmatique.
> Josette est une boulimique. / M. Duteuil est un asthmatique.

In the case of two mental illnesses, the available adjective/noun is not formed, as above, by adding **-ique**. The same word still serves as noun and adjective:

> Elle est schizophrène. / Paul est un schizophrène.
> Il est psychopathe. / Paul est un psychopathe.

3 Impersonal verbs

A number of useful verbs have already been discussed in this context, but others can often lend variety to and, more importantly, clarify what you wish to say or write. We assume that the verb **falloir** (**il faut + que** or infinitive) and its usable tenses is familiar, likewise, the impersonal use of the verb **valoir** (**il vaut mieux** + infinitive). The examples below indicate the impersonal use of some major verbs. If you are unclear about these, they are dealt with in the **Grammaire-éclair**.

- **arriver** (*to arrive, to happen*)

    Il est arrivé deux agents de police et une foule de journalistes.
    Two policemen and a crowd of journalists turned up.

- **exister** (*to exist, to be*)

    Il existe des gens qui ne veulent pas d'ordinateur.
    There are people around who don't want a computer.

- **rester** (*to stay behind, to remain, to be left over*)

    Il reste quelques feuilles de salade et un verre de vin médiocre.
    There remain a few lettuce leaves and a glass of poorish wine.

Of course, verbs describing weather conditions, the time of day, etc., are also used impersonally: **Il fait beau/mauvais**, **il est huit heures**, **il pleuvra demain** and so on.

The significant feature of all these uses is that the impersonal verb is used in the *third person singular*, irrespective of what follows in terms of number. Of course tenses may vary to suit your needs.

☑Exercice pratique – 3

1 *Henry Smith has been unwell* (**malade, souffrant/e**) *whilst on holiday in France. His visit to the doctor reveals a severe attack* (**une attaque, une crise**) *of bronchitis* (**une bronchite**). *As a result, he has a prescription for an antibiotic* (**une antibiotique**), *which he needs. He visits the local pharmacy. But there is a language problem: Henry doesn't speak French, and the pharmacist doesn't speak English ...*

Can you help Henry get the correct medicine, acting as his interpreter? A vocabulary list is appended to the exercise, but you may need to change the form of the verb.

Henry (*to you*)   I've got this prescription from the doctor. What now?

You   I'll help you: let's go into the chemist's.

Pharmacien   Bonjour, Monsieur, bonjour Madame ... qu'est-ce que je peux faire pour vous?

You   Euh ... bonjour, Monsieur ... mon ami Monsieur Smith a une ordonnance à (*be made up*) .

Pharmacien   Volontiers, volontiers ... voyons donc ... (*It shows*) une antibiotique – la tétracycline – et un autre (*medicine*) pour calmer un peu (*the cough*). Et votre ami, (*does he have a problem*) avec la tétracycline par exemple, aucune (*allergy*)?

You   (*No, not so far as I know. I'll check, though.*) Henry, are you allergic to tetracyclin?

Henry   Please tell him I'm only allergic to penicillin.

You   Mon ami dit qu'il (*is allergic only to penicillin*).

Pharmacien   Parfait! Et vous savez que ce (*course of treatment*) is (*prescription-only*): vous (*have the right to*) un remboursement de la Securité Sociale. Savez-vous (*how to get the costs reimbursed*)? Vous ne connaissez pas peut-être le système français de la vignette? Mon collègue ici vous (*give the necessary information*).

traitement	**il s'agit**	**avoir droit à**	**toux**

faire exécuter   **médicament**

uniquement sur ordonnance

se faire rembourser   **aurait-il un problème**

je vais vérifier   **Pas que je sache**

renseigner   **allergie**   **être allergique à**

---

2   In this exercise, you will need to fill in the **Feuille de soins** from the
    information shown overleaf.

■ You earn a salary.
■ You are a working parent, with a male child who is ill, and for whose
  doctor's bill you need to claim.
■ The child was born on 21.2.91.
■ You wish to be reimbursed into your bank account.
■ The child has not had an accident.

Give English equivalents for: **arrêt de travail**, **cocher cette case**,
personne vivant maritalement avec l'assuré(e), **titulaire**, **situation de
l'assuré(e)**.

FEUILLE DE SOINS
assurance maladie

RENSEIGNEMENTS CONCERNANT L'ASSURÉ(E) (1)

NUMÉRO D'IMMATRICULATION

Nom-Prénom
(suivi s'il y a lieu
du nom d'époux)

ADRESSE

CODE POSTAL

— SITUATION DE L'ASSURÉ(E) A LA DATE DES SOINS —

☐ ACTIVITÉ SALARIÉE ou arrêt de travail   ☐ PENSIONNÉ(E)
☐ ACTIVITÉ NON SALARIÉE   ☐ AUTRE CAS → lequel:
☐ SANS EMPLOI → Date de cessation d'activité:

RENSEIGNEMENTS CONCERNANT LE MALADE (1)

• S'agit-il d'un accident? OUI☐ NON☐ Date de cet accident :
• Si le malade est PENSIONNÉ DE GUERRE
  et si les soins concernent l'affection pour laquelle il est pensionné, cocher cette case ☐

SI LE MALADE N'EST PAS L'ASSURÉ(E)

• NOM
• Prénom   Date de Naissance
• LIEN avec l'assuré(e) : ☐ Conjoint ☐ Enfant ☐ Autre membre   ☐ Personne vivant maritalement
                                                de la famille   avec l'assuré(e)
• Exerce-t-il habituellement une activité professionnelle
  ou est-il titulaire d'une pension?   OUI☐   NON☐

MODE DE REMBOURSEMENT (1)

☐ VIREMENT A UN COMPTE POSTAL, BANCAIRE OU DE CAISSE D'ÉPARGNE
  Lors de la **première** demande de remboursement par virement à un compte postal, bancaire ou de caisse
  d'épargne ou en case de **changement de compte**, joindre le **relevé d'identité** correspondant.
☐ Autre mode de paiement

(1) **Mettre une croix dans la case de la réponse exacte**

"LA LOI REND PASSIBLE D'AMENDE ET/OU D'EMPRISONNEMENT QUI-
CONQUE SE REND COUPABLE OU DE FAUSSES DÉCLARATIONS
(articles L 377-1 du Code de la Sécurité Sociale, 441-1 du Code Pénal)."

**J'atteste, sur l'honneur, l'exactitude
des renseignements portés ci-dessus.**

Le remboursement des prestations par l'assurance maladie exige
l'enregistrement des données codées relatives aux actes effectués et aux
prestations servies. La loi "Informatique et Libertés" du 6 janvier 1978
s'applique aux réponses faites sur ce formulaire.

**Signature
de l'assuré(e)**   →

✔ Exercice de révision

The following exercise is designed to test what you have learned in this unit, but contains some extra useful vocabulary and phrases related to family medicine.

1   Translate into English:

(a) Ma mère va mieux aujourd'hui, beaucoup mieux qu'hier. Sa tension s'est équilibrée et la fièvre s'est atténuée.

(b) Les contre-indications sont: grossesse, maladies d'origine rhumatismale, obésité et affections du coeur.

(c) Ne pas avaler. Conserver hors de la portée des enfants. En cas d'urgence, appelez le Centre anti-poisons le plus proche. Conserver à l'abri de la lumière.

(d) Papa s'est fait une entorse à la cheville, le pauvre …! En plus, il a mal au dos, et risque de se faire encore plus mal s'il ne se repose pas.

(e) Il existe une minorité de médecins qui s'intéressent à la médecine dite alternative.

2   Look at the sample information sheet below to a popular drug. Sort out the important information into *dos* and *don'ts*. You will note that some words are missing from the text. Fill in the blanks with appropriate words from the list at the end.

PHARMACON s.a.
médicament: trazonopole 250mg

*Avant de _____ votre médicament **trazonopole 250mg**, lisez attentivement cette feuille. Pour une information plus _____, consultez votre médecin traitant ou votre pharmacien.*

Ces comprimés contiennent un produit antibactérien d'origine _____. Comme la plupart de ses analogues de la famille tétracycline™, il est particulièrement _____ pour traiter des affections de l'appareil respiratoire.

Posologie: *voie buccale* 3 comprimés par jour, avec de l'eau

Contre-indications: Ce produit antibactérien est normalement très bien _____ Dans certains cas, il peut provoquer des _____ digestifs légers. Dans des personnes particulièrement _____, les antibactériens peuvent, quoique rarement, donner lieu à des allergies de la peau ou _____ des réactions asthmatiques. **Dans ce cas:**

■ — le médicament
■ Appelez votre médecin

Conservation: Conserver dans un endroit sec, à l'abri de la lumière
Conserver _____ la portée des enfants
_____ la date limite de consommation

Pharmacon s.a.,   **BP 51, Roissy CEDEX 3**   lic. 3T78901

---

hors de	**troubles**	**toléré**	**respecter**	**synthétique**
arrêtez	**sensibles**	**indiqué**	**complète**	**à** **prendre**

5 L'ACHAT D'UNE RESIDENCE SECONDAIRE

The Allégri family have decided to buy a second home in south-west France, where they can spend some time during the restaurant's annual closure (**fermeture annuelle**), and for the odd, long weekend. After some private discussion, they visit the office of an estate agent (**agent immobilier**), Madame Ferrès, in the area chosen.

Objectifs linguistiques

■ to ask about property and its condition
■ to write a formal letter
■ to understand the language of negotiation and ownership

Dialogue 1

Evelyne	Bonjour Madame Ferrès, c'est Evelyne et René Allégri, nous vous avons téléphoné hier pour prendre rendez-vous.

> H. Ferrès
> AGENCE IMMOBILIER

Mme Ferrès Bonjour, bonjour, ah! oui! asseyez-vous, asseyez-vous … alors à ce que vous m'avez dit au téléphone, vous comptez acheter dans notre belle région, n'est-ce pas, à condition, bien sûr, de trouver ce qui vous convient?

René C'est bien ça, Madame, mais ce n'est pas pour nous installer définitivement, ou du moins, pas pour le moment. Nous sommes dans la restauration – c'est une activité à plein temps – ce qu'il nous faudrait plutôt, ce serait une petite propriété – pierres apparentes – pour les vacances uniquement. Et nous avons vu dans votre vitrine des photos, et des prix, qui nous paraissent, euh … raisonnables.

Mme Ferrès   Bien sûr, Monsieur … c'est vrai qu'en ce moment, vous ne risquez rien en achetant. Le marché immobilier, il faut l'avouer, est assez plat, et les prix sont intéressants pour l'acheteur. Mais pour mieux vous aider, pourriez-vous m'indiquer *grosso modo* ce que vous recherchez – une propriété en ville ou à la campagne, isolée ou proche de tous commerces, avec ou sans terrain?

Evelyne   Surtout une petite maison où il y a du calme, donc pas en ville mais, également pas trop loin des commerces. Pour le terrain, puisqu'on ne sera pas là la plupart du temps, il ne nous faudrait pas grand'chose.

Mme Ferrès   Si je vous comprends bien, vous recherchez quelque chose qui soit en bon état général, où les gros travaux ont été faits, habitable de suite, n'est-ce pas?

René   Nous ne sommes pas étrangers à la rénovation mais, pour l'instant, nous n'envisageons pas de refaire un toit ou une charpente, par exemple. Ce serait plutôt des travaux d'intérieur et de finition qui seraient abordables.

Mme Ferrès   Oui, vous avez raison de ne pas trop entreprendre – et j'ai pas mal de propriétés qui sont susceptibles de vous intéresser. Auriez-vous des préférences, à partir des photos et des descriptifs à la vitrine?

Evelyne   La propriété sous la référence A.320 et une autre, la B.27 nous paraissent plus ou moins possibles, je crois. Peut-on les visiter tout de suite?

Mme Ferrès   Vous avez de la chance, Madame, parce que les deux que vous avez choisies sont inoccupées: nous pouvons visiter sans prendre rendez-vous. Voulez-vous qu'on y aille tout de suite? Je vous y amènerai en voiture, vous serez donc libres de regarder la situation, les environs, n'est-ce pas?

Mots-clés

à condition de	if, assuming that
convenir à	to suit someone (see **Premiers Secours**)
s'installer	to set up home
propriété (f)	a property, a house (usually with land)
pierres (f) apparentes	stone-built exterior or interior
ne rien risquer	not to be able to lose (money or advantage)
marché (m) immobilier	the property market
travaux (m) gros	major works, structural work
habitable de suite	ready to move into
étranger à	to be unfamiliar with
descriptif (m)	an explanatory list, details
situation (f)	the position (of the property)

Premiers secours

● **à condition** *de* is a useful phrase to revise: it avoids the use of the subjunctive mood with **à condition** *que*.

● **convenir à (quelqu'un)** is conjugated like **venir**. It is frequently used to express a like or dislike of something (or even someone!):

Cette fermette ne vous convient pas, Monsieur?
This smallholding is not what you wanted, then?

This verb is also useful in another, similar sense. **Convenir** + **de** + infinitive is used impersonally (see p.67), to mean what *is*, or *is not*, *appropriate* or *advisable*.

Il convient d'être prudent en ce qui concerne l'achat d'une maison
One needs to show caution when buying a house (Caveat emptor!)

Il convient de s'accorder d'ici peu sur le prix et les moyens de paiement.
It would be advisable to agree soon on the price and the method of payment.

- **intéressant(e)** is an adjective with a broad spectrum of meaning in French. Related to prices or conditions, it can mean *moderately-priced*, or *within one's capabilities* but not, perhaps, *cheap*. We shall deal later in this unit with phrases which establish the famous **rapport qualité-prix** for the French.

Exercice de compréhension – 1

Answer the following questions in French, using complete sentences:

(a) What sort of property do the Allégri family have in mind?
(b) What sort of condition of the property can they contemplate taking on?
(c) How does Mme Ferrès describe the current state of the property market, and who will benefit most from it?
(d) When will the Allégris be able to visit the two properties, and why?
(e) Which words seem to indicate value and price, even without specific reference to these?

Exercice pratique – 1

Below is an advert from a French estate agent's window. It describes a small house. Using the material in the dialogue above, and the subsequent word list, see if you can put together the details in the most appropriate way.

GERS

Maison en pierre en partie _____. Belle _____ dans village _____. Toit _____ à neuf. Quelques travaux de _____ à prévoir.

CUISINE (cheminée, _____ apparentes, carrelage, _____ en pierre)
SALLE À MANGER (poutres _____, _____ donnant sur joli jardin)
DEUX CHAMBRES (_____, étagères)
_____ (lavabo, douche, _____)
SUR TOIT (terrasse _____, avec très belle vue _____)
A L'EXTERIEUR _____

PRIX DE VENTE: 250.000 F frais d'agence _____

finition	dallée	évier	pittoresque	poutres

finition   dallée   évier   pittoresque   poutres
dominante   armoires   rénovée   dépendances
porte-fenêtre   sanitaires   situation
apparentes   dépendances   compris   refait

☑ Exercice pratique – 2

Prices and values

1   You will no doubt have used a number of the following ways of establishing prices for goods and services. But arriving at the value of something is much more difficult. Look at the examples below, and underline any useful phrases relating to price and value.

● Le prix de vente de la maison est de l'ordre de 250.000 Frs.
● Quand il s'y est installé il y a 20 ans, le prix d'achat de la fermette était autour de 150.000 Frs.
● L'auto ne lui a coûté que 10.000 Frs. L'auto vaut bien ce prix-là.

2   When negotiating a price, or discussing value, there are many more useful phrases which tie down one's opinion of the object in question. Look at these examples, developed from a small ads section of a newspaper, and record the useful phrases. (Usual abbreviations have been avoided to make the exercise clearer, but an abbreviated example is also included!)

(a)
> Particulier vend **Renault Laguna**
> année 1995, 43.000 km
> très bon état. 45.000 F
> prix à débattre.
> tél: 05.62.21.98

(b)
> DE PARTICULIER À PARTICULIER
> Particulier vend appartement F3
> cuisine américaine
> centre ville, garage
> 570.000 F
> à saisir. Tél: 05.72.85.43.61

(c)

> **Urgent**. cause santé.
> Vends très beau restaurant.
> 35 couverts, place centrale
> prix sacrifié
> tél: 03.67.56.37.52

(d)

> Part. vd villa, 2ch., tt conf., parf. ét.
> chauff. fuel, gar., jardinet. 350.000 F.
> prix justifié
> tél: 02.65.78.90.

Now translate the above small ads into the most appropriate English equivalents.

3   Asking a price, using **combien**, may, in most cases be simplest – as in **Cette cravate, c'est combien, Monsieur**? The French do, however, often vary this type of phrase, especially when discussing prices amongst themselves.

Look at the following dialogue (or listen to the audio), and underline/pick out those phrases relating to price or value.

Evelyne is discussing the purchase of a large pressure-cooker with her husband.

Evelyne   Combien l'as-tu payée, la cocotte-minute?

René   Je l'ai payée 890 F, si je me rappelle bien, y compris la TVA.

Evelyne   Et tu ne crois pas qu'il te l'a fait payer un peu cher, non?

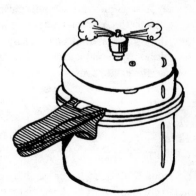

René	Oh! non! C'est du bon matériel, c'est solide et très maniable.
Evelyne	Peut-être, mais je me demande souvent si nous arrivons à dénicher le meilleur rapport qualité-prix en nous servant toujours de ce fournisseur-là.
René	Mais non! on a discuté du prix, penses-tu! Il m'a proposé un prix un peu énorme au début, mais on s'est mis d'accord finalement sur un prix plus, plus abordable, n'est-ce pas?
Evelyne	Combien valait l'autre, celle que tu as achetée il y a un an?
René	Ah! celle-là, je l'ai payée plus cher, elle était plus grande.
Evelyne	Ah! j'avais l'impression que tu l'avais payée moins cher, tiens.

4 Translate the following short text into French, using the material and exercises above.

M. and Mme Allégri are looking for a second home in south-west France. The estate agent has offered them several at reasonable prices. They do not wish to pay over the odds for the one they like, so they ask a close friend how much she thinks the property is worth. The selling price is 400.000 F. Their friend believes that it pays to be careful, and they should offer about 350.000 F, on the condition that they also acquire the outbuildings. The Allégris agree on a price, and return to the estate agency. Initially, the estate agent insists that the selling price is a fair one, but agrees to communicate the offer to the sellers. In the meantime, the Allégris return home, to await a letter from the estate agent.

Echange de lettres

A l'arrivée du courrier trois jours plus tard, Evelyne et René reçoivent une lettre:

The second dialogue is replaced here by examples of an exchange of letters of a more formal type. Much of the French can be used in other, more formal situations in general correspondence.

**Toutes transactions
ventes
achats
locations**   <u>agence immobilière</u>

Mme H. FERRES

2, rue du Lion d'or
32345 Driant
tel: bureau   05.23.43.76
      domicile 05 23.65.81

Driant, le 18 août

N/réf: HF/CD

Monsieur et Madame Allégri
route de Rochecorbon
37100 Saint-Faust

Cher Monsieur, Chère Madame,

J'ai attendu l'accord écrit du vendeur, Monsieur Mathieu, avant de vous écrire. Aussi, ne parvenant pas à vous joindre, je vous adresse photocopie de l'accord de vente, au prix de 350.000 F, frais d'agence à la charge des vendeurs, frais de notaire et d'enregistrement à charge des acquéreurs, soit 30.000 F.

Je vous fais adresser ce jour, par Maître Latreille, une attestation en vue de la demande de prêt, afin d'accélérer au maximum, car Monsieur Mathieu désire que l'acte de vente se signe au plus tard fin décembre.

Je me tiens à votre disposition pour tous renseignements complémentaires que vous jugeriez utiles et vous prie de croire, Cher Monsieur, Chère Madame, à mes sentiments toujours dévoués et à mon meilleur souvenir.

H. FERRES

carte prof. Préfecture du Gers no. 46 – caution garantie SOCAF – expert immobilier

In response to this letter, Evelyne writes to confirm the estate agent's actions, and to ask her to perform certain other duties in their absence. It should be noted that style and presentation in French correspondence are not as rigidly formal as they used to be.

"Les Rosiers"
Route de Rochecorbon
37100 SAINT-FAUST

Saint-Faust, le 22 août

Madame H Ferrès
Agence Immobilière FERRES
2, rue du Lion d'or
32345 DRIANT

Chère Madame,

J'ai l'honneur d'accuser réception de votre lettre et de la photocopie de l'accord de vente.

Nous avons expédié ce jour même à Maître Latreille l'attestation et les documents qu'il lui fallait pour procéder à l'enregistrement de l'acte dans les plus brefs délais. Or, la clause restrictive habituelle – passage à la signature de l'acte en trois mois maximum – pourrait être problématique: nous n'aurons pas la possibilité de revenir sur le Sud-Ouest avant Pâques.

Je vous serais donc infiniment reconnaissante de bien vouloir agir pour nous par procuration dans cette affaire afin que les formalités de la vente consentie par Monsieur Mathieu soient acquittées au plus vite.

Veuillez agréer, Madame, l'expression de mes sentiments les meilleurs.

Evelyne ALLEGRI

Mots-clés	
accord (m)	agreement
location (f)	rent
louer	to rent
à la charge de (quelqu'un)	to be the responsibility of (someone)
notaire (m)	lawyer
prêt (m)	loan
acte (m)	contract of ownership, deeds
caution (f)	guarantee, professional indemnity
attestation (f)	certificate
clause (f) **restrictive**	covenant or condition
formalité (f)	procedure

Premiers secours

● Note again the use of **désirer que** + subjunctive. This verb is often used in formal situations. In addition, note again the use of a reflexive verb (**se signer**) to express the passive voice. Could you avoid the use of the reflexive here?

● The last part of Mme Ferrès' letter contains the verb **juger** in the conditional tense. Again, this feature of the conditional, referred to in pp. 28–32, helps express something which *might be*, but *is not necessarily*, the case.

● In Evelyne's reply, the conjunction **afin que** + subjunctive appears. Can you propose an alternative to the use of the subjunctive mood here? Try to use the same vocabulary.

Exercice de compréhension – 2

Reply in French, using complete sentences:

(a)   What has Mme Ferrès awaited before writing to Evelyne?
(b)   Why does Mme Ferrès feel it necessary to write in the first place?
(c)   How are the buying/selling costs distributed?
(d)   What has Evelyne done, and when?
(e)   What does she ask Mme Ferrès to do, and why?

Writing formal letters

The easiest way to write formal letters in French is to do what French secretaries do: buy one of the many excellent modern manuals (often called *Le Parfait Secrétaire*), select a sample letter which can be adapted to your precise needs, and type up the crib. We have one such manual from the 1920s (in itself a much re-printed edition) which contains a sample letter from an old soldier who, having lost a leg at Verdun, is seeking a pension from the President of the Republic! Nevertheless, two simple ground-rules can be useful when establishing a formal relationship in everyday life.

- **Rule 1:**

  Establish the hierararchy of the relationship – inferior to superior (or vice-versa). This frequently involves explicit reference to the professional status of each correspondent.

- **Rule 2:**

  Be sure how firm you wish to be when requesting help or co-operation from your correspondent.

Beginnings and endings

In the following table are some useful expressions for beginning a formal letter. They are given in descending order of formality – refer to Rule 1.

initial form of address	appropriate use
Monsieur le Maire, **Monsieur le Directeur,** **Monsieur le Professeur,** **Madame la Directrice,** **Madame le Professeur*,** **Madame le Maire*, etc.**	Totally formal usage in professional situations.
Messieurs,	When writing to a company – equivalent to *Dear Sir(s)*
Monsieur/Madame/ **Mademoiselle,****	Normal formality, equal-to-equal, little or no familiarity with correspondent. Very polite.
Cher Monsieur/ **Chère Madame,**	Used when no formality expected; correspondents know one another

*Note the last two examples – the masculine title is used with a female occupant of the office.

**Only to be used if you know the woman is single. Often better avoided.

In the table below, you will find some examples of how to end a formal letter – refer to Rules 1 & 2. This is the *Yours faithfully/Yours sincerely* equivalent.

concluding phrase	implication and appropriateness
Veuillez ... (imperative of **vouloir**)	firm, often superior to inferior
Je vous prie de......	polite, equal to equal or inferior to superior

To the above phrases is added the following:

■ one of: **accepter**
              agréer
              croire à
              recevoir

■ a repeat, between commas, of the form of address you have used (e.g. **Cher Monsieur**)
■ either **l'assurance de mes sentiments** …   or **l'expression de mes sentiments**

There is, however, a further level of subtlety. The concluding phrases above are used with one or other of a series of polite modulations based on the **expéditeur's** (*writer's*) perception of her/his relationship with the **destinataire** (*addressee*). Whilst the rules are not totally water-tight, the following table will give you an idea of how to proceed:

sentiments ...	expéditeur's position vis-a-vis destinataire
respectueux **devoués** **distingués** **les meilleurs** **bien cordiaux**	inferior, needing something from superior superior, granting a wish or professional service equal-to-equal, little formality equal-to-equal, minimum formality

To sum up, here are all your options for the concluding sentence:

Veuillez Je vous prie de/d'	accepter agréer croire à recevoir	Monsieur, Madame, Cher Monsieur Chère Madame, etc.	l'assurance de l'expression de	mes sentiments	respecteux dévoués distingués les meilleurs bien cordiaux

In the body of the formal letter, you may well refer to previous correspondence received, to your wish that something should happen, to thanks for favours received and so on. Many of these statements have model formats, with suitable introductory or ending phrases. We have listed a number, grouped around two major themes: *requesting* and *giving information*.

Requesting something or information

- J'ai l'honneur de solliciter de votre (haute)* bienveillance de bien vouloir ... (e.g. nous expédier ...)
  I should be most grateful if ... (you could send ...)
    *__haute__ adds inferior-superior concept

- Je me permets de vous (écrire, contacter, etc) pour ...
  I am writing to ...

- Je vous serais très reconnaissant(e) de bien vouloir ...
  (e.g. nous expédier ...)
  Please... (e.g. send)

Giving or acknowledging something or information

- Je vous remercie de/pour ... (votre communication)
- J'ai bien reçu ... votre lettre du ...
      Thank you for ...

- J'ai l'honneur* et le plaisir* de vous remercier de/pour
      Thank you for ...
* introduces more formality

NOTE: In cases where **J'ai l'honneur de ...** is used, this generally refers to neutral or good news. If the news is bad, and the messenger is sympathetic, the phrase is often replaced by **J'ai le regret de ...**!

✔ Exercice pratique – 3

1   There are many stock phrases in both languages which cover the
standard situations of how and when to reply. Match the following
English phrases with their French equivalents:

- *as soon as possible*
- *please forward*
- *by return of post*
- *under separate cover*
- *acknowledge receipt*
- *recorded delivery*
- *to send*
- *postal packet*
- *to regret (to have to …)*
- *enclosed*
- *postage charges*

> **frais de port**
> **par retour du courrier**
> **sous pli séparé   colis**
> **ci-joint   veuillez faire suivre**
> **accuser réception   expédier**
> **en recommandé**
> **au regret de**
> **dès que possible**

2   Choose a scenario from those shown below. Write an appropriate
letter in French, using materials given in this unit.

- **Scénario (1)**
You write to your local councillor (**conseiller municipal**), using a
proper form of address, to ask for information about the closure of a
local primary school (**école primaire**).

- **Scénario (2)**
You are a local French **maire**. You are writing formally but
sympathetically to a female constituent whom you do not know
personally, to inform her that her application for a secretary's post has
been unsuccessful.

6 RENOVATION D'UNE PROPRIETE

In this unit, the Allégri family set about renovating the second home they have just bought. With limited time at their disposal, and some considerable distance between home and the property, some of the arrangements they make are by telephone. As you will see, it pays to make oneself absolutely familiar with numbers and dimensions. In the first dialogue, Evelyne and René decide what priorities they have for the renovation work.

Objectifs linguistiques

■ to express an opinion
■ to deal with quantities, sizes, and numbers
■ to express contentment or dissatisfaction

Dialogue 1

Evelyne Chéri, on ne peut pas tout faire à la fois, tu sais! Il faut donner la priorité absolue à la couverture, pour éviter toute infiltration éventuelle.

René Evidemment … je suis d'accord, mais on nous a assurés qu'il n'y avait pas de gros travaux à prévoir, que le toit était en bon état général. C'est pour ça que je t'ai proposé le projet d'une piscine …

Evelyne Et oui, mais tu n'y étais pas il y a trois semaines quand il a plu à torrents: j'ai eu du mal à trouver assez de récipients … seaux, bassines, casseroles – je ne sais pas quoi – pour contenir l'eau. Et l'humidité après, n'en parlons pas. Non, il va falloir faire revoir la charpente et la couverture, peut-être pas entièrement, mais une partie.

René   Mais, Evelyne, pourquoi ne m'as-tu rien dit, rien du tout, à ce moment-là? Comment veux-tu que je le sache? Ah! non! Ça ne va pas!

Evelyne   Je ne t'ai rien dit, chéri, parce que tu étais très préoccupé à ce moment-là: le licenciement du chef pâtissier, la recherche d'un remplaçant intérimaire, et mille autres choses … Je ne suis pas très fière de moi- même en te cachant cette histoire du toit, j'en suis vraiment désolée, mais …

René   Je te pardonne, je te pardonne … tu es récupérable! Et je suis bien content que tu me l'aies dit, bon Dieu! Je suis d'accord avec toi: il va falloir chercher un bon charpentier, et assez vite. Je me renseignerai tout de suite auprès de nos voisins de là-bas.

Evelyne   Doucement, doucement … J'en ai parlé aux voisins – j'espère que tu ne vas pas me gronder! – et ils ont pris un charpentier dont ils sont très satisfaits, et qui travaillait chez eux au moment de l'orage – Monsieur Castets, il s'appelle. Je lui ai demandé donc de nous faire un devis estimatif pour les travaux.

René   Tu as bien fait, chérie, ça c'est vrai, il faut que nous nous occupions de l'essentiel d'abord, et très vite. Au fait, est-ce qu'il y a eu des dégâts, lors de l'orage?

Evelyne   Pas grand'chose heureusement, et j'ai tout prévu pour éviter des dégâts quand on n'est pas là. En plus, les voisins vont ouvrir un peu quand il fait beau, pour aérer. Enfin, on a fait ce qu'on pouvait, hein?

Mots-clés

infiltration (f)	roof /terrace leak
fuite (f)	a (plumbing) leak
couverture (f)	roof
pleuvoir à torrents	to rain heavily
avoir mal à	to have difficulty in doing something
humidité (f)	damp(ness)
faire revoir	to get something looked at, repaired
charpente (f)	the roof timbers
Ça ne va pas!	That's not fair!
licenciement (m)	dismissal (sacking)
intérimaire	temporary
tu es récupérable	(coll) you're forgiven (but only just ...)
gronder	to tell someone off, scold
dégâts (m pl)	damage
aérer	to open up, air (to prevent dampness)
devis estimatif (m)	estimate (not a quote)

Premiers secours

● **éventuel(-elle)**. This useful word does NOT have the English sense of *eventual*. It usually means *possible*, or *likely to happen*.

● **Il va (nous) falloir** + infinitive. This is a useful colloquial phrase to express a future (but almost immediate) necessity.

● **ne pas être fier (fière) de soi (-même)**. The literal meaning of this phrase is *to not be proud of oneself*. But it is frequently used colloquially to mean *I'm sorry I did* (or *didn't do*) *something*.

● **être content(e) que** + subjunctive. Remember that after expressions of emotion, followed by **que**, the subjunctive should normally be used.

Exercice de compréhension – 1

Answer the following questions in French, using complete sentences:

(a) Quelles sont les priorités de René et d'Evelyne?

(b) Pourquoi Evelyne s'oppose-t-elle au projet de René?

(c) Comment Evelyne s'excuse-t-elle auprès de René?

(d) Par quels moyens Evelyne a-t-elle évité d'importants dégâts?

(e) Sur quoi René et Evelyne se sont-ils finalement mis d'accord?

☑ Exercice de dépouillement – 1

Your friend, Paul, who has just arrived from Paris, is anxious to extend the terrace outside but, over the last two weeks, you have coped with a number of leaks through a bedroom ceiling – yours ...!

Using the dialogue and your answers in the exercise above, attempt to complete the imaginary discussion about your plans between yourself and a friend. Some key words in English are given to help you organise your responses.

Paul   Comme je te l'ai dit, j'ai fait établir un devis pour l'extension de la terrasse derrière la maison. La superficie sera augmentée d'environ 16 mètres carrés – le double de ce qu'on a. Excellente idée, hein?

Vous   Génial ...! Mais ... (*we must give priority to the house*).

Paul   Oui, oui, je suis d'accord. Mais la maison est en bon état, et l'aménagement de la terrasse pour l'été, cela sera formidable!

Vous   Bien sûr, bien sûr, mais il y a un inconvénient ... (*you weren't here when it poured down*)

Paul   Des infiltrations? Où? Et elles étaient importantes? Y avait-il des dégâts?

Vous   Dans ma chambre surtout ... (*it was difficult to find enough containers; fortunately there was little damage*) .

Paul   Je suis désolé, désolé. Mais qu'est-ce qu'il faut faire?

Vous   Eh bien! ... (*we needed a roofer; I brought one in to give us an estimate*).

Paul   Tu as bien fait, bien fait! Mais pourquoi ne m'as-tu pas téléphoné?

Vous   Parce que, mon cher, ... (*you were working hard, you needed peace*)

> **TIP 1**: *Getting things done* in French requires a special construction. In grammar, it is called the causative. All you need to remember is that this usage is formed by whatever tense of **faire** is appropriate + an infinitive:

J'ai fait venir le docteur/le plombier.
I called out the doctor/plumber.

Il va faire construire un garage.
He is going to have a garage built.

TIP 2: *Getting someone to do something* is slightly more complicated, but follows the same general rule. Here, we need to indicate *who* is being asked/required to perform an action. In good French, unlike English, two direct objects in the same sentence seems illogical, so the doer or agent is put in as an indirect object (**à quelqu'un**, **lui**, **leur**). Look at the following examples:

---

*I got **them** to eat **some pasta**.* translates as
Je *leur* ai fait manger *des pâtes*.

*Get **her/him** to provide **an estimate**.* translates as
Faites-*lui* établir *un devis*.

*She had **Paul** put **her luggage** up.* translates as
Elle a fait monter *ses bagages par Paul*.

*He wants to charge **them** 150 francs.* translates as
Il veut *leur* faire payer *150 F*.

It must be said that there is some slippage in everyday French, and one hears and sees such examples as **Il *la* fera quitter *son emploi*.** and the like. The verb **laisser** (*to allow*) + infinitive also follows the above rule, although you are more likely to find two direct objects as in the first example that follows:

Annie a laissé son frère choisir une cassette audio.
Annie a laissé choisir une cassette audio à son frère.

Exercice pratique – 1

Translate the following sentences into French:

(a) I let her choose the menu.
(b) She called the vet out to look at her cat.
(c) Serge did not let his mother use the phone.
(d) He made them pay too much.
(e) He was made to eat any old rubbish! (**n'importe quoi**)

Quantities and sizes

The idea of size is relatively easy to express: **grand**, **moyen**, and **petit** are perfectly adequate concepts for many situations because we (more or less) agree on what is **moyen** – middling or the norm (**la norme**). To refine these impressions, we can add **très** or, introducing a specific comparison, **plus** or **moins**.

Cette chaise est grande/très grande.
Cette chaise est plus/moins grande que les autres.
Le chiffre d'affaires est, après tout, moyen.

French speakers, however, frequently seek to add a further level of refinement or emphasis, by using specific adverbs such as **carrément**, **nettement**, and **sensiblement**:

Cette chaise est **carrément** trop grande pour notre salle à manger.
*This chair is **clearly** (or **just too**) big for our dining room.*

Quand on fait ses achats dans une grande surface, tout y est **sensiblement** moins cher.
*When you buy in supermarkets, everything is **noticeably** cheaper.*

Elle est **nettement** plus petite que sa sœur.
*She is **much** shorter than her sister.*

TIP 1: Note that **grand(e)** and **petit(e)** applied to persons is uniquely a measure of height (tall or short), and not of any other bodily dimension. If you wish to discuss someone's size (other than height), then the crudest measure is **gros/grosse**. But apart from indelicacy, there is possible confusion when using **grosse**, the feminine form, since this can also mean *pregnant*! As with most languages, French has a number of euphemisms for fatness, which may help you to describe this in a more discreet fashion. Some of these phrases are given below.

Il/elle a pris un peu d'embonpoint.
He/she has put on a bit of weight. (perhaps the nicest way to express this)

Elle a grossi un peu depuis l'hiver.
She has put on some weight since last winter. (objective view)

Il a des kilos en trop, n'est-ce pas?
He is somewhat overweight, don't you think? (slightly disapproving)

> ***TIP 2***: In some circumstances, **épais(sse)** can be replaced by **gros/grosse**. This often happens in shops, when buying say, a slice (**une tranche**) of a product, and the seller indicates a particular thickness:
>
> Vous la voulez **grosse comme ça**, Madame? Oui, c'est une belle tranche, n'est-ce pas?

Other colloquial examples:

Il conduisait une voiture **grosse comme** un camion.
Elle fumait une cigarette **grosse comme** le doigt.
Il lisait un bouquin (*a book*) **épais comme** le bottin.
Il avait les bras **longs comme** un singe.

Exercice pratique – 2

Fill in the blanks in French, using the word list at the end of the exercise.

Serge, qui aime la bonne table, est allé faire des courses en ville. Ayant pris _____ depuis l'été dernier, il a voulu suivre un peu _____. Quand le charcutier lui a proposé une tranche de pâté grosse comme _____, il a refusé, en demandant la moitié. En commandant un morceau _____ épais, il y a deux avantages: le premier, c'est que l'achat coûte _____ moins cher, le deuxième, c'est qu'il consommera _____ moins de calories.

nettement	**un peu d'embonpoint**
sensiblement	**le régime**
moins	**le doigt**

Sizing with accuracy

1 Linear measurement

When a degree of accuracy is required you may need to describe
dimensions. There are three basic linear dimensions: **longueur** (*length*),
largeur (*width/depth*), and **épaisseur** (*thickness*). In a three-dimensional
object, the measurements are normally expressed in that order.

In this example, René
and Evelyne are dealing
with the measurement
of a laminated work-
surface (**plan de
travail**), which is two
metres long (2000 mm)
× 600 mm wide/deep
× 40 mm thick.

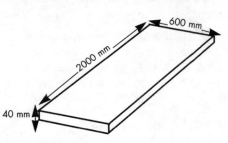

There are three principal ways of expressing these dimensions in French
(apart from simply writing down 2000 mm x 600 mm x 40 mm). René and
Evelyne may use any one – or a mix!

■ Method 1

Le plan de travail a 2000 mm de long, 600 mm de large, et 40 mm
d'épaisseur (NOT d'épais).

■ Method 2

Le plan de travail est long de 2000 mm, large de 600 mm, et épais de 40 mm.

■ Method 3

Le plan de travail a une longueur de 2000 mm, une largeur de 600 mm, et
une épaisseur de 40 mm.

NOTE: Longish lengths of materials often appear as ML (**mètres longs**).
So, for example, **Il me faut 25 ML de bois raboté**. I *need 25 metres of
planed wood.*

Whilst you may find it easier to keep to one of the three methods, be
prepared for French speakers to mix-and-match all three!

2 *Measurement of surface area* (la superficie)

In French, as in English, the sums are done in the same way! Imagine that René and Evelyne have a terrace on which they intend to lay floor tiles (**un carrelage**). They need to calculate the quantity of tiles (**carreaux**) needed. On the box of ten tiles, they are told that each box covers approx. 1m². René takes their rule (**un mètre** or a bigger one, like a surveyor's tape, **un décamètre**). The measurement turns out at 4,5m x 4m.

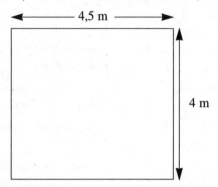

■ **Calcul de la superficie**:

4,5 m x 4 m = 18 m² (quatre virgule cinq **multiplié par** quatre mètres donne/egale dix-huit mètres carrés.)

In written and spoken French, decimal points – 0.5, are expressed as *commas* (**virgules**) – 0,5

■ **Il va leur falloir donc**:

Dix-huit mètres carrés **divisés par** 18 = 18 cartons de carreaux.

Par prudence, ils vont acheter deux boites de plus, pour les coupes …!

3 *Measurement of volume* (contenance/volume)

Before laying the tiles, they must lay a screed (**une chape**) to level (**niveller, remettre à niveau**) the area. This will require a calculation of the volume of ready-mixed concrete for delivery and laying. Large volumes are measured in **mètres cubes** (m³). So, if the terrace is 18 m² in area, this must be multiplied by the required thickness, let's say 10 cm, or 0,1 (**zéro virgule un**) of a metre.

so: $18 \times 0,1 = 1,8$ m^3 (**un virgule huit mètres cubes**)

Be sure that you can deal with simple numbers and sequences in French – they are often needed in general conversation, and can be a major cause of misunderstanding.

To remind you, here is a short table of simple calculations and how to say them in practical situations:

Addition	
● $2 + 3 + 9 = 14$	deux **plus/et** trois **plus/et** neuf **font** quatorze
● $34 + 10 + 102 = 146$	trente-quatre **plus/et** dix **plus/et** cent deux **font** cent quarante-six
●$100 + 100 = 200$	cent **plus/et** cent **font** deux cents
● 350 F + TVA à 20,6% = 422,10 F	trois cent cinquante francs **plus** TVA (*VAT*) à vingt virgule six pour cent **donne** quatre cent vingt-deux francs dix centimes.

Soustraction

In most cases, simply substitute the word **moins**, for **plus** or **et**, and continue as above.

$23 - 8 = 15$ vingt-trois **moins** huit fait quinze

Difficulties arise when writing out numbers, principally when they are complex ones.

TIP 1: In general individual cardinal numbers (1, 2, 3, 11, 15 etc.) are invariable, with four exceptions:

- **un** – the indefinite article takes the feminine form when linked to a feminine subject: vingt et **une** femmes sont présentes, n'est-ce pas?

- **zéro, vingt, cent** – these take **-s** in the plural EXCEPT when followed by another number:
  - il a eu deux zéros en math
  - elle a quatre-vingts ans
  - deux cents francs
  - deux cent vingt francs

TIP 2: Compound numbers from 17 to 99 are, with one major exception, linked by hyphens. This exception is for numbers ending in -one, up to and including 71:

17	dix-sept	18	dix-huit	19	dix-neuf
20	vingt	**21**	**vingt et un**	22	vingt-deux
30	trente	**31**	**trente et un**	32	trente-deux
40	quarante	**41**	**quarante et un**	42	quarante-deux
50	cinquante	**51**	**cinquante et un**	52	cinquante-deux
60	soixante	**61**	**soixante et un**	62	soixante-deux
70	soixante-dix	**71**	**soixante et onze**	72	soixante-douze
80	quatre-vingts	81	quatre-vingt-un	82	quatre-vingt-deux
90	quatre-vingt-dix	91	quatre-vingt-onze	99	quatre-vingt-dix-neuf

---

Dialogue 2

Evelyne, who is at their holiday home, has received a written estimate from Monsieur Castets, the roofer. It is reproduced below. She telephones René with the good – and bad – news.

Can you fill in the appropriate blanks with suitable explanations, using the cues in English?

CHARPENTE – COUVERTURE

PARQUETS – LAMBRIS neuf et rénové

HUGUES CASTETS
aux Lauriers, route d'Aillac
32317 DRIANT

tel: 05 23 44 79

Le 5 septembre

DEVIS ESTIMATIF

Monsieur et Madame René Allégri

Démolition charpente et couverture 46 M² x 70 F	3220
Charpente en douglas bois traité et raboté 1,60 M³ x 5800 F	9280
Lambris posé sur chevrons 46 M² x 120 F	5520
Couverture en tuiles canal à crochet 46 M² x 160 F	7360
Mortier, bordure, faîtage, arrêtier, et bouts de tuiles maçonnés 47 ML x 100 F	4700
TOTAL HT	30080,00
TVA 20,6%	6196,48
TOTAL TTC	**36276,48**

The estimate contains a few specialised words which appear in the vocabulary list at the back of this book.

Evelyne   Oui, Bernard, c'est moi, Evelyne. Est-ce que tu peux me passer mon mari, s'il te plaît …

René   Oui, oui, c'est moi, j'étais à la cuisine … un repas d'affaires ce midi …

Evelyne   Ah! bon! et alors des nouvelles enfin … de cette histoire de toit … Le devis est arrivé ce matin. Et puisqu'il … (*wants us to sign and return it quickly, we need to talk about it now*).

René   Vas-y donc, chérie … il est cher, peut-être?

Evelyne   Oh! j'en sais rien, enfin … je te dirai ce qu'il (*intends to do for us*). Tu as de quoi écrire?

If you have the audio listen as Evelyne reads the details of the estimate above to René, who writes down the information. René then checks on a number of items, requiring some repetition from Evelyne. Can you continue the dialogue, using the clues given?

René   Merci, chéri, mais je n'ai pas bien compris: la superficie me paraît bien grande, n'est-ce pas? Combien faut-il démolir et refaire?

Evelyne   (*area in m²*)

René   Ça, c'est plus que prévu, mais s'il le faut … Et je n'ai pas compris non plus … (*what he suggests*) pour le lambris. Combien veut-il … (*charge us*)?

Evelyne   Ça fait … (*price in francs and area in m²*) au total … (*sum*)

René   Et le prix global? … (*with VAT or without?*)

Evelyne   Le prix global s'élève à … (*sum*) (*VAT included*)

René   Oh! et tu ne le trouves pas un peu cher, toi? Tu es sûre qu'il ne l'a pas légèrement parfumé, ce sacré devis?

Evelyne   Franchement, non … il me paraît tout-à-fait honnête.

ENTREPRISE GÉNÉRALE BATIMENT ET T.P.

S.A.E. **H. CASTETS**

TERRASSEMENT
MAÇONNERIE – CARRELAGES
CHARPENTE – COUVERTURE
CONSTRUCTION – RESTAURATION

TIP: When checking whether someone has a pen, money, or an object they need, the French often use the colloquial phrase **de quoi** + infinitive.

So, *Do you have enough money to pay?* becomes **Est-ce que tu as de quoi payer?** Another example might be: **Est-ce que tu as de quoi prendre les mesures?** *Have you a rule on you?*

Satisfaction and dissatisfaction

In French, as in English, there are degrees of satisfaction and its opposite. Look at the following question and some of the possible replies:

Qu'est-ce que tu/vous en penses/pensez?

- J'en suis satisfait(e)
- Je n'en suis pas satisfait(e)
- J'en suis très satisfait(e)
- Je n'en suis pas très/trop satisfait(e)

These are quite clear statements of fact about your views. But if you are asked whether you are happy with a bill or payment you must make, the words **honnête**, **correct**, **juste**, and **justifié** are frequently used. In such uses, **honnête** and **juste** are equivalent to the English *right* or *fair*. **Justifié** is slightly more difficult, in that it implies an external reference. As you will have seen earlier, it is often used for objects for sale, where a current price can be obtained. This leaves **correct**, which is also equivalent to *fair* or *right*, but can have the sense of *just about right* – **correct mais pas plus** – possibly implying you might have got the item a tiny bit cheaper!

◀ Exercice pratique – 3

1   Translate the following sentences into French, using the vocabulary and expressions from this unit.

(a)   I am not too happy with the estimate the builder has given us.
(b)   I think he is overcharging us, don't you?
(c)   Do you think this is a fair price?
(d)   Have you enough cash to pay the taxi? Let's see, yes, I have 92 francs.
(e)   Jean has three noughts in geography, poor boy.
(f)   Are you sure? I think the worktop is 3 metres long by 600 mm deep.
(g)   He has made us pay the going rate, not a penny cheaper.

2   Create a script in which you ring the local builder (**le maçon**) about your tiling job (**carrelage**).

You ask: Did he receive your letter? Can you discuss the estimate he sent you? What was the floor area he quoted for? You think he has quoted for three square metres too much. He thinks you have not counted the extra for fitting into corners, etc. You tell him (politely) that you will be asking another tradesman for an estimate. He promises to come to see you the next day.

7 | LES GRANDES VACANCES

The Allégri family (not without some misgivings) decide to spend three weeks at their new summer home. In this unit we complete the planning of journeys, and explore some of the situations which this type of holiday can entail. Unlike other units, this contains three dialogues on the chosen theme, each of which can be followed on the audio.

Objectifs linguistiques

■ to plan – a holiday trip
■ to give and receive advice
■ to know what to do and say in emergencies

Dialogue 1

*René and Evelyne have decided, rather late on, that they can afford three weeks' holiday in their newly-acquired **résidence secondaire**. In this dialogue, they fix dates and go over their plans.*

| S | (08) AOÛT | | | | | | | 32ᵉ |
	L	M	M	J	V	S	D	SEM.
31					1	2	3	4/8
32	4	5	6	7	8	9	10	
33	11	12	13	14	15	16	17	au
34	18	19	20	21	22	23	24	
35	25	26	27	28	29	30	31	10/8

When reading and/or listening to them, note the way they arrive at a decision....

René   Evelyne, où est-ce que tu as mis mon planning? Il n'est plus là, au bureau.

Evelyne Ah! oui! je l'ai ici: je fais un premier tri des dates éventuelles pour les vacances. Normalement, on les choisit autour de la fermeture annuelle pour en profiter au maximum, mais cette année, puisque tu as la possibilité de te faire remplacer, nous pourrions partir tous ensemble, en famille, en été même …

René   Alors, moi, je suis pour … et je me fie absolument à Bernard pour s'occuper du restaurant. En tout cas, s'il y a un problème, je pourrai toujours revenir. Et les dates? fin août … début septembre? Qu'est-ce que tu en penses?

Evelyne T'es fou! début septembre! C'est la rentrée des classes. Il ne faut pas que William râte les premiers jours. Il serait perdu après …, non! il va falloir partir en août, carrément. Le 2 serait le mieux, à mon avis. A moins que tu n'y voies des inconvénients côté restaurant.

René   Pas du tout! Ah! si … peut-être … Partir le 2, cela serait partir dimanche – le restaurant sera plein à déborder le midi. Non, mieux vaudrait reporter d'un jour notre départ, et partir lundi.

Evelyne Je suis d'accord, oui, lundi … mais à condition de partir de bonne heure, pour ne pas avoir à nous presser trop sur l'autoroute.

Mots-clés	
planning (m)	*diary, filofax*
tri (m)	*sorting-out*
fermeture (f) **annuelle**	*business holidays*
se fier à	*to have confidence in*
râter	*to miss, miss out on*
rentrée (f)	*start of new school year*
se presser	*to hurry, dash*

Premier secours

1. When discussing possible actions in French, we normally use the verbs **pouvoir** or **savoir**, the first meaning the **capacity to carry out an action**, the second indicating the **knowledge of how to perform some act or other**.

Je peux le faire. I *can do it.*   **physically capable**
Je sais le faire. *I can (know how to) do it.*   **skill**

Je ne peux pas jouer du piano (parce qu'il est fermé à clé).
I can't play the piano (it's locked).
Je ne sais pas jouer du piano.
I can't play the piano.

2. In *Dialogue 1* above, several more ways to express possibility are given, and are particularly useful when you need to give someone options as to what is to be done. First, the simple conditional tense of **pouvoir**, as we have seen elsewhere:

Nous pourrions partir tous ensemble.
We could all go off together/ Going off together is a possibility.

But note René's reaction, using **pouvoir**: Je pourrai toujours revenir.
                                                                          I can always come back.

His statement, in the future simple, is much more a statement of fact, less of a suggestion.

A further useful expression is **avoir la possibilité de** + infinitive. This is often more formal, although not always, and tends to refer to pretty specific options available:

Nous n'avons jamais eu la possibilité de porter plainte.
We never had the chance to complain.

Equally useful is the expression **avoir l'occasion de** + infinitive. This allows you to say that an opportunity to do something has been taken up (or not)

Je n'ai pas eu l'occasion de regarder de près la carte de l'autoroute.
I didn't get the chance to look closely at the motorway map.

3. **Decision-taking and making**. In *Dialogue 1*, the couple offer, accept, and decline suggestions made. It is often difficult for the non-native speaker to choose the right reply. The following list may help.

Question	Reply: pour/contre
Etes-vous d'accord?	Je suis d'accord/Je ne suis pas d'accord.
	Moi, je suis pour /Moi, je suis contre.
Voulez-vous faire …?	Oui, je veux bien/Non, merci,
	je ne crois pas.
Ne voulez-vous pas faire …	*Si, je veux bien faire…/ Non, merci.
Qu'est-ce que tu en penses?	Moi, je pense que oui/ que non.

*Remember that **si** replaces **oui** when the speaker denies the underlying assertion of the questioner.

TIP: Look closely at René's last few words. Asked if he sees any problems, he denies emphatically that he does, then corrects himself with **si** … **peut-être!** This is quite common in good French, and worth remembering. Evelyne's exasperated … **T'es fou!** (*Are you out of your mind?/Idiot!*) is probably best reserved for those French friends who are as close to you as brothers and sisters!

Exercice de compréhension – 1

Answer in French, in complete sentences:

(a) Quand Evelyne et René partent-ils d'habitude en vacances, et pourquoi?
(b) Pourquoi pourront-ils partir en été cette année?
(c) Quelle est la signification de la rentrée pour la famille?
(d) Quels seraient les inconvénients d'un départ prévu pour le 2, selon René?
(e) Quelle condition Evelyne impose-t-elle sur un départ le 3, et pourquoi?

🏴 Exercice pratique – 1

Monsieur/Madame Dufrais is about to surprise his/her spouse of 25 years with a gift of a lifetime. He/she has tentatively planned a celebration holiday in Mauritius (les îles Maurices).

Using the map and the following information, create a simple dialogue between the Dufrais:

- ■ He/She is now in a position to take a longer holiday, since he/she has a suitable deputy.

- ■ Appropriate dates need to be chosen between them, taking into account the different hemispheres.

- ■ He/She will agree to the other's choice of dates on certain conditions – that they do not conflict with plans for a large family party later in the year.

- ■ He/She may have a preferred airline and route, with or without stopovers (avec ou sans escale).

AIR CORSAIRE	**AIR LOMÉ**
Paris – Djedda – Port Louis*	Paris – Lomé – Lomé – Port Louis+
Vol hebdomadaire: **samedi**	Vols lundi, jeudi tte l'année
Vols saisonniers: 18 nov–12 mars	

*vols directs, escale de ravitaillement à Djedda
+ Liaison Lomé-Port Louis et retour assurée par Scandinair

Dialogue 2

The holiday for the Allégri family is almost upon them. The evening before their departure, Evelyne, René and William, aged 6, pack what they feel they will need.

This dialogue is designed to give you the everyday vocabulary needed for asking for, and giving, help and instructions.

William Papa, as-tu vu mon ballon, le grand, tu sais, le jaune?

René Et tu as bien regardé dans ta chambre, dans le gros coffre en plastique?

William Oui … non, papa. Maman a rangé le coffre dans l'armoire, il est trop haut pour moi. Peux-tu le descendre, s'il te plaît? Et le casque pour le vélo aussi?

René Je ne peux pas, ne vois-tu pas que je fais autre chose? Si je ne trouve pas mon permis de conduire … où est-il, bon Dieu! Ah! le voilà, enfin! Qu'est-ce que tu m'as demandé, mon vieux? Ton ballon? Ah! on ne peut pas partir sans ballon, cela serait une catastrophe! Evelyne, où est-ce que tu te caches?

Evelyne Je suis dans la chambre de William, quelle pagaille! Il y a des jouets partout. William, viens tout de suite: range tes affaires pour que j'aie de la place pour mettre l'escabeau. Comment veux-tu que je descende les valises … Vite, vite!

René Laisse-les, laisse-les! Je viendrai te donner un coup de main. William, monte ranger tes affaires: fais pas la tête non plus, ça risque de faire tourner le lait!

Evelyne René, est-ce que tu as un moment pour venir m'aider? Les valises sont coincées dans le rangement. Je ne peux même pas les sortir et je risque de me casser la figure en forçant … Je me demande pourquoi on n'a pas commencé plus tôt à se préparer pour le voyage. Cela nous aurait évité tant de pépins de dernière heure …

René Des pépins? … Ah! … Tant que j'y pense … n'oublions pas les parapluies, ma chérie … J'en ai pour deux minutes ici … Un instant, j'arrive, j'arrive …!

 Mots-clés

casque (m)	*cap, or safety helmet*
pagaille (f)	*real, untidy mess*
escabeau (m)	*step-ladder*
ranger	*to tidy away, to organise things*
coincé	*stuck tight*
se casser la figure	*to fall, hurt oneself*
pépin (m)	*a hitch, snag, problem*
	(and coll.) an umbrella!
de dernière heure	*last-minute*

☑ Exercice de compréhension – 2

Answer the following questions in French:

(a) Pourquoi William ne trouve-t-il pas son ballon tout seul?

(b) Quelles sont les priorités de William ici?

(c) Pourquoi Evelyne n'arrive-t-elle pas à descendre les valises?

(d) De quoi Evelyne a-t-elle peur ici?

(e) Pourquoi René est-il amené à penser aux parapluies?

Exercice de dépouillement – 1

Translate the following sentences into French:

(a) Pass me my driving licence, dear, if you will.
(b) Reach the cases down, Bernard … No! leave them – I'll give you a hand.
(c) What a face! It's enough to turn one up!
(d) Put your toys away so that I can clean the room.
(e) If you climb the fence, you might hurt yourself.

Notes grammaticales

1 The imperative and pronouns

In French as in English, the imperative (order or command mode) is extremely important. In *Dialogue 2*, the excited members of the family issue orders in almost military fashion. And, of course, the second person plural or singular performs well here, as in **William, viens tout de suite**, or **range tes affaires**. But when the imperative involves others, or other things, especially when more than one pronoun is used, the matter is more difficult:

(a) Montrez-**moi** où l'on va quitter l'autoroute.
Show (to) me where we're going to come off the motorway.
(b) Montrez-**leur** le plan de la ville.
Show the town plan to them.
(c) Montrez-**la-moi**.
Show it to me.
(d) Montrez-**le-leur**.
Show it to them.
(e) Donnez-**m'en**, s'il vous plaît. (**en** = *of it, some*)
Give me some, please.

Here are three rules to help you use pronouns with the imperative. These rules apply to transitive and reflexive verbs.

● **RULE 1:**

(i) The pronoun ALWAYS FOLLOWS the verb it relates to (a,b,c,d,e) above
(ii) If there is more than one pronoun, the **direct** object precedes the **indirect** object. (c, d), with **en** last of all
(iii) The personal pronouns **me** and **te** become **-moi** and **-toi** (a, c).

In the next exercise, where forbidding is required, we shall develop further useful aspects of the order/command mode (the imperative), particularly where it is necessary to use the negative.

Many learners will be familiar with the **Don't do ...** signs in France. Nevertheless, it might be useful to recall them here, before dealing with spoken equivalents.

1)

Il est formellement interdit de descendre sur la voie sans y être invité par un agent de la RATP

2)

REPRODUCTION INTERDITE

3)

Défense de fumer

4)

NE PAS AVALER
En cas d'accident,
contacter le centre anti-poisons
le plus proche

The first three revolve around the use of the verbs **défendre** and **interdire**, both meaning *to forbid*. With these verbs, which can be used personally or impersonally, the construction is **interdire/défendre à quelqu'un de faire quelque chose**:

> Je **lui** ai défendu/interdit **de** me parler de sa maladie.
> Il est interdit **aux** voyageurs **de** traverser la voie.

NOTE that when signage is required, shortened uses are permitted, as above: **Défense de** … and **Interdit de** … being quite common.

In the fourth sign, the infinitive, **avaler** (*to swallow*), is used as an imperative. In such cases, the infinitive is always preceded by the full negative – *ne pas* **avaler**. But in examples where you need a full imperative sentence, as in (a–d) above, both *word order* and *position* of **ne, pas**, need careful consideration. Let us use the examples (a-d) to illustrate the rule:

(a) **Montrez-moi** où l'on va quitter l'autoroute.
    Ne me montrez pas où l'on va quitter l'autoroute.
(b) **Montrez-leur** le plan de la ville.
    Ne leur montrez pas le plan de la ville.
(c) **Montrez-la-moi**.
    Ne me la montrez pas.
(d) **Montrez-le-leur**.
    Ne le leur montrez pas.

● RULE 2:

The negative (**ne, pas**) wraps around the whole imperative verb and any pronouns it has, which now PRECEDE the verb.

● RULE 3:

The order of personal pronouns in the negative imperative is as follows:

me, te, nous, vous,
↓
le, la, les,
↓
lui, leur,
↓
y
↓
en

✪Exercice pratique – 2

1   Create a number of prohibiting signs about: lawns, copyright, alcohol consumption, entry, diving at the pool, flyposting, and fishing.

2   Convert the following French imperatives to imperative negatives, or vice versa, as required. Replace the nouns with the appropriate pronoun, in the correct order.

Example: Donnez le revolver à Marc. *Ne le lui donnez pas*.

(a)   Passe le sel à Gérard, s'il te plaît.
(b)   Ne me demandez pas la raison.
(c)   Prenez du gâteau, je vous en prie.
(d)   Couche-toi, Sylvie!
(e)   Ne leur en donnez pas.

In the above examples, we have given only the second person imperative forms. But what if you need to say *Let us do something?* This is also a form of the imperative in French. In these cases, we use the first person plural of the present tense:

Let's go to the cinema.	*Let's not go to the cinema.*
Allons au cinéma.	**N'allons pas au cinéma.**

There are other forms of the imperative which are less frequently used and which, for simplicity, are not discussed here.

▇Dialogue 3

❛❛*The family have arrived at their house in the south-west. After a long day at the pool (la piscine), and a meal (le repas du soir), René and Evelyne look forward to a quiet read. William is on his way to bed, when there is a loud and ominous noise outside – a car accident …*

René   William, il est 8h30, … va te coucher, tu es claqué, cela se voit.

Evelyne   Repose-toi bien, … et n'oublie pas de te laver, non plus, mon chéri!

Un bruit de voiture qui percute un mur …

René   Mais … qu'est-ce qui se passe, bon Dieu! Ça a l'air d'un accident. Reste là, William, Evelyne … je vais voir …

Il rentre à la maison, essoufflé ...

> Vite, vite, le téléphone, c'est une famille, un bébé. Evelyne,
> fais le 17, non, le 15 d'abord: il va falloir appeler le SAMU
> et après, viens me donner un coup de main, c'est grave,
> c'est grave ... quelle catastrophe! Passe-moi l'extincteur,
> juste en cas ... on ne sait jamais. Je vais y retourner pour
> voir ce que je peux faire en attendant...

Il regagne le lieu de l'accident ...

René   Ne vous en faites pas, nous avons appelé les services
                d'urgence.. non, ne bougez pas, attendez le médecin.

L'accidenté Merci, merci, monsieur ... ma femme, elle a perdu
                connaissance, essayez de la réveiller – essayez de la
                réveiller.. et notre fille, sortez-la, au cas où il y aurait un
                incendie ...

René   Calmez-vous, calmez-vous, le SAMU arrive, ... et les
                pompiers. Les voici, vous serez bientôt libérés et
                hospitalisés...

L'accidenté Ne nous quittez pas, Monsieur, ne nous quittez pas, je vous
                en prie ...

| Le docteur | Merci, Monsieur, merci – je vais m'en occuper à l'instant: pourriez-vous nous aider en nous apportant de l'eau, pas trop chaude? |

Mots-clés

claqué, être	to be dog-tired
percuter	to smash into, collide with
faire/appeler le 15/17/18	ring the ambulance/the police/ the fire-brigade
juste en cas	just in case (something happens)
perdre connaissance	to lose consciousness
SAMU (m)	the ambulance service, the paramedics
soins (m pl)	care, treatment

✔ Exercice de dépouillement – 2

Translate the following sentences into French, using the constructions in *Dialogue 3*.

(a) Don't worry, I have rung the police.
(b) We must call the ambulance right now!
(c) Don't leave the victim, he needs care.
(d) Don't panic – go and look after him, he is afraid of something.
(e) Give me a hand here, and fetch some water, quickly, in case I need it!

✔ Exercice pratique – 3

Imagine you are René. There has been an accident as outlined above. You have been asked to write a simple statement of the facts (**déposition, constat**) to the police. Re-tell the facts of the incident on the following form. A **déposition** tends to be a statement in the general sense of a witness (**un témoin**), whilst a **constat d'accident** is often limited to the parties directly involved in road traffic incidents.

> **TIP 1**: Before attempting this or any other exercise relating to a series of events, write a rough draft. This process is called, in French, **la rédaction d'un brouillon**. It is helpful to number, in sequence, points which you may wish to make, although your **brouillon** may not initially present them like this. As an example, rearrange the events below to serve as your **brouillon** for the **déposition légale** which follows.

Brouillon

ce qu'on a entendu — ce que l'on faisait — l'heure de l'accident — ce que l'on a fait — comment l'affaire s'est conclue — ce que l'on a dit sur les lieux — ce qu'on s'est dit l'un à l'autre — où l'on était au moment de l'accident.

TIP 2: Not all these points will be of equal importance in the formal statement below. After making your list in sequence, use only the most important features for your **déposition**.

DEPOSITION LEGALE

NOM DE FAMILLE:
PRENOM(S):
DATE DE NAISSANCE:
LIEU DE NAISSANCE:
SITUATION DE FAMILLE:
DOMICILE:

Je soussigné.........(ALLEGRI René)................................ constate que:

_____

_____

_____

_____

_____

_____

_____

_____

_____

_____

_____

signé:

daté:

✅ Exercice pratique – 4

The following report comes from the Allégri's local newspaper, and describes the accident. As with many such reports, there are a number of inaccuracies. Read the passage carefully, noting useful vocabulary and expressions. Then, using the information in the report, and the letter-writing advice in Unit 5, write a brief, formal letter to the editor of the newspaper (**le rédacteur**), pointing out the errors.

FAIT DIVERS
DRIANT
Accident routier

Hier, vers 19h30, une collision entre une voiture et un tracteur s'est produite sur la RD 23, à la sortie de Driant, au niveau du chemin des Rosiers. Quatre personnes ont été légèrement blessées. Un témoin de l'accident, M. René Allégri, a appelé les services d'urgence pendant que sa femme portait les premiers secours. Les pompiers, qui sont arrivés les premiers, ont du attendre l'arrivée du SAMU pour en dégager les blessés.

✅ Exercice pratique – 5

There follow three emergency situations. In each, a list of clues is given. Can you construct a short report – as in the newspaper article above – of each event?

(a)   *A motorbike accident.* Une grosse moto — percuter un arbre — pas de blessés — la veille de Noël — un virage dangereux — les pompiers.

(b)   *An old lady slips and falls in the street.* Mme Tiffou — 82 ans — une veuve — glisser — la jambe cassée — hospitalisée.

(c)   *A little boy swallows a poisonous substance.* Yves Loubet — 6 ans — curieux — avaler du white spirit — se trouver malade — sa mère — téléphoner — centre anti-poisons — se remettre vite.

Don't forget a subheading!

8 LA RENTRÉE: CONSOMMATION ET CONSOMMATEURS

The French follow the pattern of the calendar year much as we do. But by far the most important secular watershed is arguably **la rentrée**. This event – based on the September period in which French children prepare to return to school – is a time in which are new products are launched, and apparently unbeatable offers of goods and services are made. In this unit, we shall look at how the French respond to their version of conspicuous consumerism.

Objectifs linguistiques
- Back to school – arranging and organising things
- Buying things in the shops
- When things go wrong

Dialogue 1

*The Allégri family discuss plans for **la rentrée des classes**. This leads to a broader discussion of year-on plans, with inevitable complications ...*

Evelyne   René, je m'inquiète un peu ... c'est la rentrée déjà, et nous n'avons encore rien décidé pour le premier semestre.

René   Si, on a décidé ... on va réembaucher la jeune Simonato pour remplacer Madeleine et ...

Evelyne   Non, non! Je veux dire en général ... en famille ... Il y a William pour qui la rentrée n'est pas sans problème, vu ses difficultés en mathématiques, et en plus il y a tout à prévoir en livres scolaires ... en matériel ... en papeterie ... Et encore, il y a les vacances ... Noël ... Pâques ...!

William   Oui, papa … je suis nul en math, et la maîtresse n'est plus la même à la rentrée … j'ai peur …

René   T'en fais pas, mon vieux, on va t'aider, sinon on demandera à ta tante Annie de venir t'aider: elle était prof de math avant son mariage. Bon, bon, je vais chercher mon agenda … tu as le tien, Evelyne? – Ah! oui, je le vois … Et cette rentrée, c'est …?

Evelyne   La rentrée des élèves, c'est prévue pour le jeudi 4 septembre, d'ici quinze jours, oh! … Ça presse, ça presse! Et la Toussaint, c'est du vendredi 24 octobre jusqu'au mardi 4 novembre, ça fait 10 jours de congé au moins – peut-être que je pourrais partir chez ma mère avec William. Et puis la Noël, du samedi 20 décembre au, voyons, au lundi 5 janvier – impossible de partir, un monde fou au restaurant …

René   Il va falloir que je remette un peu d'ordre dans mon planning. La *Table ronde* de la ville m'a proposé une série de dates; il faut que je les trie pour trouver ce qui nous convient le mieux … en principe, ils se réunissent le jeudi et, exceptionnellement, le samedi – inutile donc de leur proposer d'autres solutions.

Evelyne   Entendu! … mais revenons à nos moutons … William et la rentrée! Es-tu libre de venir en ville chercher tout ce qu'il lui faudra? … ou bien, l'on pourrait aller chez Leclerc ou chez Casino: les grandes surfaces, elles ont tout, tout, et souvent à des prix intéressants.

René   Oui, oui, … je veux bien, à condition de ne pas y passer toute la journée, mais quel jour?

Mots-clés	
matériel (m)	*school things*
papeterie (f)	*stationery* (or a stationery store)
voyons	*let me see …*
être nul en …	*to be poor at, no good at …*
remettre de l'ordre	*tidy up, organise*
grande surface (f)	*large supermarket*
exceptionnellement	*occasionally*
revenir à ses moutons	*to get back to the main problem*
prix intéressant (m)	*good price*
inutile de	*it's no use …*

La rentrée en chiffres

12,7 millions d'élèves

Ce que coûte un élève
à la collectivité nationale
par an (en francs)

à l'école
23 400

au collège
38 700

au lycée
49 600

au lycée professionnel
53 600

Premiers secours

1. **Dates**: Note that the French often include the day, date, and month when fixing a schedule, in addition to year, where this is required to make full sense of the plan:

Je serai là samedi dix-sept octobre 1998.

2. Frequent or repetitive days or dates on which something happens are dealt with in one of two ways. This equates to our *every* ...

(a) by using a suitable phrase such as **tous les** ... or **chaque** ... (invariable):

Ils se réunissent **tous** les jeudis/**chaque** jeudi, au restaurant.

OR

(b) by stating the day or date in the singular, preceded by **le**:

Ils se réunissent **le** jeudi, au restaurant.
Ouvert **le** samedi *but* Ouvert vendredi et samedi
Ouvert **le** 26 octobre

3. The period in between dates (**from** 19 October **to** 12 March, for example) takes in the construction in 2(b), with the addition of **de** and **à**:

Fermé **du** 19 octobre **au** 12 mars, pour cause de travaux.
Josette sera chez nous **du** samedi 21 février **au** lundi 23.

☑Exercice de compréhension – 1

Answer the following questions in French with complete sentences

(a) Pourquoi Evelyne s'inquiète-t-elle?
(b) Est-ce que René comprend ce que lui dit sa femme?
(c) Pourquoi William s'inquiète-t-il, et de quoi a-t-il peur?
(d) Comment va-t-on remédier aux problèmes scolaires de William?
(e) Combien de jours de congés auront-ils à: Noël? Toussaint?
(f) Quand la *Table ronde* de la ville se réunit-il d'habitude?
(g) Selon Evelyne, où est-on susceptible de trouver tout le matériel de la rentrée, et quels avantages y voit-elle?
(h) Quelle est l'attitude de René envers la visite à une grande surface?

☑Exercice de dépouillement – 1

Which French expressions most closely express the following English ones?

● *I'm a bit worried*   ● *Don't worry!*   ● *there's very little time*
● *with his difficulties*   ● *Let's see!*   ● *the restaurant will be full*
● *occasionally*   ● *low prices*   ● *we just can't go then*
                    ● *there's everything to see to*
            ● *there's no point in suggesting anything else*

Using the French near-equivalents you have found, complete the following sentences. Some clues are given in the sentences, to help you choose the most appropriate phrase. Not all the phrases will be used.

(a) _____ de la rentrée.
(b) _____ , William a peur de la rentrée.
(c) _____, ils ne peuvent venir que le dimanche.
(d) _____ en matière de matériel de restauration.
(e) _____, ta maman va t'aider!
(f) _____, on a trop à faire à la maison.

▐ Exercice de compréhension – 2

Below you will find a typical French diary entry. France is divided, for
school purposes, into three zones, each of which has a slightly different
school year. In theory, this is designed to minimise traffic chaos. In order
to make sure you can manipulate dates, you should consult the entry
carefully, then answer the questions below.

Vacances Scolaires

*Voici le nouveau calendrier scolaire, adopté officiellement par le Conseil
supérieur de l'Education nationale le 10 juillet 1995.*

	ZONE A	ZONE B	ZONE C
Rentrée scolaire des enseignants	écoles, collèges: mercredi 3 sept. lycées: mercredi 10 sept.		
Rentrée scolaire des élèves	écoles, collèges: jeudi 4 sept. lycées: jeudi 11 sept.		
Toussaint	vendredi 24 oct. – mardi 4 nov.		
Noël	samedi 20 déc. – lundi 5 janv.		
Hiver	merc. 4 fév. merc. 18 fév.	merc. 18 fév. merc. 4 mars	merc. 11 fév. merc. 25 fév.
Printemps	jeudi 2 avr. jeudi 16 avr.	sam. 11 avr. lundi 27 avr.	jeudi, 9 avr. jeudi, 23 avr.
Début des vacances d'été	mardi 30 juin		

Les classes vaqueront le samedi 30 mai et le mardi 2 juin

Le départ en vacances a lieu après la classe, et la reprise des cours le
matin des jours indiqués. En cas de vacances des classes le mercredi ou
le samedi, lorsque le départ est prévu ces jours-là, les vacances
commencent après la classe, respectivement, du mardi ou du vendredi.
En cas de vacances des classes le mercredi, lorsque la rentrée est prévue
ce jour-là, celle-ci s'effectue le jeudi.

ZONE A: Caen, Clermont-Ferrand, Grenoble, Lyon, Montpellier, Nancy-
Metz, Nantes, Rennes, Toulouse

ZONE B: Aix-Marseille, Amiens, Besançon, Dijon, Lille, Limoges, Nice,
Orléans-Tours, Poitiers, Reims, Rouen, Strasbourg

ZONE C: Bordeaux, Créteil, Paris, Versailles

Simple, isn't it? See if you can sort out suitable answers in French to the series of questions which follow.

(a)   Quel organisme d'Etat a adopté ce calendrier, et quand?

(b)   Quelles périodes de vacances scolaires restent les mêmes pour tous?

(c)   Pour les lycéens, quelles sont les dates des vacances d'été?

(d)   Pour les élèves de la Zone B, quelles sont les dates des vacances d'hiver?

(e)   Si le départ en vacances tombe le mercredi ou le samedi, à partir de quand est-ce que les élèves sont en vacances?

(f)   En sus des dates prévues dans le calendrier, quelles journées de vacances supplémentaires y voyez-vous pour tous?

(g)   Si la rentrée a été prévue pour mercredi, elle est repoussée jusqu'à quand?

(h)   Combien de semaines environ sont prévues pour les grandes vacances?

Dialogue 2

The Allégri family visit the large supermarket as planned. Or almost ....
*William has seen a 'Walkman' (properly, **un baladeur**) which he feels*
could be a suitable, if early, birthday present.

William   Papa, c'est un 'Walkman'. Qu'il est joli ... et moi, je n'en ai pas un, tu sais ...Papa est-ce que tu pourrais m'en offrir un comme celui-ci ... pour mon anniversaire ...?

René   Tu avances un peu, petit! ... ton anniversaire, on n'est même pas octobre! Mais c'est vrai, il n'est pas mal, ton baladeur. Fais voir, oui, il a l'air d'être solide, et les touches sont bien conçues, pas trop petites. Et l'écouteur, comment fait-on pour le régler? Ah oui! comme ça! ... Aie! bon Dieu, j'ai failli me casser les oreilles, éteinds-le, éteinds-le William. Oh! Il faut se méfier, hein ...!

William   Ça ne me fera pas de mal, papa, je sais comment il marche, je n'en ai pas peur, moi … et je le réglerai juste comme il faut … C'est super, papa, super!

René   Fais venir maman, elle est là-bas, où il y a le panneau en jaune marqué SOLDES … PRIX FOUS … là, … à côté des lave-vaisselles.

Evelyne arrive

René   Chérie, William a trouvé un baladeur qui n'est pas mal, bien solide – et pas trop compliqué. Je suis tenté aussi – on peut acheter des cassettes partout – et dans la voiture, en déplacement, cet engin l'occupera mieux que les jeux … Qu'est-ce que tu en penses?

Evelyne   Oui, sans doute … pourquoi pas? Il est un peu en avance pour Noël même, mais les prix ici, on n'en trouvera pas de plus bas chez nous. Et c'est combien, le baladeur? Fais voir … ah! 250F … et la garantie? … un an … ça suffit largement, car je suis sûre que notre fils le perdra avant! Allez, on le prend … mais où est le bon de garantie? Il faut le faire remplir au service d'accueil.

Mots-clés

touches (fpl)	*buttons, controls*
bien conçu	*sensibly designed*
écouteur (m)	*earphones, earpiece*
régler	*control volume*
panneau (m)	*signboard*
soldes (fpl)	*sale items*
engin (m)	*machine* (coll.)
bon (m) **de garantie**	*guarantee card*
service (m) **d'accueil**	*customer help-desk*

✔ Exercice pratique – 1

After studying *Dialogue 2*, look at what could have been the alternative reaction of the parents, and fill in the blanks .

(a) Ah! _____ comme ça!

(b) Ah! ça ne suffit pas _____.

(c) Fais voir le baladeur, mais, attention! il a l'air _____ solide.

(d) William a trouvé un baladeur qui _____ très solide.

(e) Et le bon de garantie? Ne _____ au service d'accueil?

(f) Les touches _____ bien conçues.

(g) Mais les prix ici, on en trouvera _____ chez nous.

(h) Ça _____ du mal!

✔ Exercice pratique – 2

Match as closely as possible the following English and French advertising slogans:

(a) SOLDES MONSTRES!   1   10% DISCOUNT!

(b) *QUALITÉ EXTRA!*   2   SPECIAL OFFER!

(c) *PREMIÈRE CATEGORIE!*   3   FIRST QUALITY!

(d) **RABAIS 10%!**   4   *TOP QUALITY!*

(e) ***EN PROMOTION!***   5   HUGE REDUCTIONS!

Dialogue 3

*René and Evelyne, having paid for their shopping at the **caisse**, proceed to the **service d'accueil** to deal with the guarantee registration card.*

Responsable
(du service d'accueil)

Bonjour, Madame. Qu'est-ce que je peux faire pour vous?

Evelyne

Oui, bonjour, ... nous venons d'acheter un baladeur ... le voici. A la caisse, on nous a dit de passer ici pour faire remplir le bon de garantie.

Responsable

Très bien, Madame ... voyons donc ... où est-il alors, ce bon? Ah! oui, je l'ai, c'est bien ça. En principe, la garantie est d'un an, pièces et main d'oeuvre, à condition de le porter directement au service réparations du magasin, ou de le renvoyer, dans l'emballage d'origine, au centre de réparation agréé le plus proche de votre domicile. Normalement, on n'a pas de problèmes avec ce genre d'appareil ... mais un petit conseil ...pour 50F de plus, vous pouvez faire porter la garantie jusqu'à deux ans.

Evelyne

Oh! vous savez, c'est pour mon fils. Je suis persuadée qu'il l'aura perdu avant un an, ou bien qu'il l'aura cassé. D'habitude, on ne peut pas trop se fier à lui ... il est très jeune, ce n'est pas un appareil haut de gamme ... Et 50F de plus sur 250F, c'est déjà assez cher, n'est-ce pas?

Responsable

A première vue, oui, Madame, mais si vous souscrivez à ce petit supplément, il y a un gros avantage, surtout pour les jeunes, ... en cas de non fonctionnement de l'appareil, vous serez remboursée à 100% du prix d'achat, et pendant deux ans! En y souscrivant, Madame, vous ne regretterez rien.

Evelyne

Vous êtes bien gentille, mais je ne crois pas. Merci quand même. Mais pourriez-vous vérifier l'appareil pour voir que rien n'y manque?

Responsable	Bien sûr, Madame, je vais tout déballer … Voilà, il ne manque rien à l'appareil, tout y est: baladeur, ecouteur, conseils d'utilisation, et les piles … tout y est. Et maintenant, où est-ce que j'ai mis le tampon du magasin? Pour remplir le bon? Ah oui! … le voilà! Merci, Madame, et … bonne journée!

Mots-clés

pièces et main d'oeuvre	*parts and labour*
appareil (m)	*piece of equipment*
centre (m)**de réparation**	*service centre*
agréé	*approved*
souscrire à … quelque chose	*to sign up for, to take up (an option)*
ne rien regretter	*not to lose by, not to regret*
haut de gamme	*top of the range*
déballer	*to unpack*
pile (f)	*battery (occ. electric torch)*

Premiers secours

1. **Être persuadé de** (of something) or **que** (that something will happen). Remember that this type of expression in French is a very useful and slightly more forceful alternative to **je pense** or **je crois**, which can be overworked by language learners. Other useful alternatives are **être d'avis que** and **être convaincu que** + indicative:

> Je suis d'avis que son livre ne vaut rien.
> *My view is that his book is rubbish.*
> Marie est convaincue que sa soeur viendra demain.
> *Marie is pretty sure her sister is coming tomorrow.*
> Je suis persuadé de la vérité de ce qu'il nous a avoué.
> *I think he really is telling the truth.*

2. French, like English, has many ways of suggesting things to you. Some may be absolute recommendations, others may have reservations.

> **TIP 1**: Listen very carefully to recommendations and reservations. The following expressions, which appear in the dialogue above, may give you a clue about how objective the advice is. Each expression has both a 'face' value, and an 'undercover' value. But each also contains a specific clue for the listener. This is not to say that these do not sometimes overlap:

- **en principe:**   the logical approach dictates ... X will happen
- **normalement:**   the logical approach, once taken, means ... X will happen
- **d'habitude:**   how we do this will normally make ... X happen, but it may very well not ... (for reasons best known to oneself)

It is nevertheless true that all these expressions contain an element of revolutionary independence i.e. a way may be found to circumvent the system!

The meaning of the final expression – **un petit conseil** – is clearer. A salesperson or other adviser uses it when he/she believes he or she has the upper hand. It is rarely used between genuine equals.

TIP 2: How do you say **No!** politely in French? You can be absolutely frank, as in English, and say **Non, merci!** and proceed to the next act or, better, **Non, merci, je ne crois pas!** But in the passage, Evelyne uses a polite but dismissive formula which means **No, thanks!** Which is it?

TIP 3: One final piece of advice here: if you offer an opinion, whilst asking for another's view of this particular piece of your wisdom, a doubting French person may well respond with an opening phrase **Oui ... et non ...** This usually means that his/her opinion is contrary to yours, but that there may be an element of truth in what you say. If you feel confident enough in French (which we hope you are becoming), you may wish to try this when you are not too deeply convinced of your interlocutor's argument. It is devastatingly efficient in allowing you time to make your point. An example is given below.

– Alors, Monsieur Smith, ne croyez-vous pas que les Britanniques soient, au fond, opposés à la Communauté européenne?

– Oui ... et non ... pas tous les Britanniques ... les Ecossais, par exemple, ils vont chercher à se rapprocher de plus en plus des institutions européennes. Et puis, les Gallois ... et puis ...qui sait?

☙Exercice pratique – 3

From the following information in English, construct a short dialogue (three or four comments each) between René (or yourself) and a salesperson about a a fairly basic hi-fi set (**une chaîne hi-fi/ audio**) for the family. The information you have is:

■ You/René do not want a set which is top-of-the-range.

■ There should be a guarantee for at least a year.

■ There is a possibility of extending the guarantee.

■ You/René think(s) that extending the guarantee is a good idea.

■ The extended guarantee covers accidental damage.

■ The salesperson tries to sell you a much more expensive model.

■ You refuse this kind offer!

📼Dialogue 4

❝ *The Allégris find that the 'Walkman' is faulty, and return the item, in person, to the store where they purchased it.*

Note the expressions used to convey dissatisfaction, as well as what people feel are their rights.

Evelyne   Bonjour, Monsieur, ... vous êtes le responsable du service réparation du magasin?

Responsable   Oui, Madame, à votre service.

Evelyne   Parfait ... Nous avons acheté un baladeur pour notre fils il y a quinze jours à peu près ... oui, c'était le 23 août, je crois ... le voici, le baladeur ... Mais quelques jours après l'avoir acheté, nous avons remarqué que l'une des touches – celle-là – s'engageait mal en la poussant. On croyait qu'elle allait se libérer avec le temps mais non, elle ne voulait plus bouger comme il fallait, au point qu'hier elle est restée totalement ... bloquée.

Responsable   Faites voir, s'il vous plaît. Ah! oui! Effectivement! la touche est bloquée, coincée même. Je vais voir si je peux la débloquer à l'aide d'un tournevis ... Et vous l'avez depuis quand, Madame?

Evelyne Une quinzaine de jours … Je veux bien … débloquez-la … mais ce n'est peut-être pas la solution: elle pourrait encore se bloquer … Il me paraît qu'il y a là quelque vice caché de fabrication, il me semble? Je préfère …

Responsable Voilà, … Madame, … elle est débloquée! Vous n'avez rien à craindre … c'était un petit pépin, vite résolu, n'est-ce pas?

Evelyne Oui, mais s'il arrive un jour que ce petit pépin se reproduise? Je n'ai pas le temps de repasser pour vous rendre l'appareil … dans 10 jours … ou chaque fois qu'il tomberait en panne …

Responsable Bien sûr, Madame, mais je vous assure que ce genre d'anomalie est rare … si rare que c'est la première fois que j'en ai vu. En deux ans, je n'en ai pas vu …

Evelyne Je veux bien, mais je ne suis pas très rassurée, en fin de compte. Pour ne pas avoir de problèmes, j'aimerais mieux me faire rembourser le prix d'achat, et pouvoir choisir une autre marque plus fiable.

Responsable Je peux vous le remplacer, Madame, si vous le voulez … mais vous connaissez bien notre devise – satisfait ou remboursé. Nous ne voulons pas que nos clients quittent le magasin sans avoir tout fait pour qu'ils reviennent! Vous avez donc la facture, … voilà … le tampon que j'y ai mis vous donne droit à un remboursement total. Et permettez-moi de vous dire que je suis désolé que l'article en question vous ait causé des ennuis … Désolé, Madame …

Mots-clés

bloqué, coincé	*stuck*
effectivement	*ah! yes!*
tournevis (m)	*screwdriver*
se reproduire	*to happen again*
anomalie (f)	*a mechanical fault*
vice (m), **défaut** (m)	*a fault*
causer	*to cause* (also, *to chat*)

🔲 Notes grammaticales

Expressions relating to time and sequence have been partially covered in pp. 119–22. Here we give some further useful strategies for putting things into an appropriate time frame.

1 *The past infinitive*

This was used by Evelyne in her second reply above: … **quelques jours après l'avoir acheté**. This neat formula avoids the use of another long clause. It is formed by using the simple past participle of the required verb (here, **acheté**), preceded by the infinitive of the auxiliary verb it normally requires when you make up a compound tense (here, **avoir**). And if there is a direct object in the phrase you require, it is inserted immediately before the auxiliary verb (here, **le/l'**). If the verb you require uses **être** in compound tenses, then this replaces **avoir** in your time clause.

> **Après y être allée, elle a disparu.**
> *After having gone there, she disappeared.*

2 En/dans

In the dialogue above, there are a number of adverbs or adverbial phrases. Some are already familiar, others are new. As a reminder, we restate that:

> **en** + time = full extent of time, a complete period of time
> **En deux ans de service, je n'en ai pas vu** …

> **dans** + time = specific point in time
> **J'ai promis de le faire dans deux jours**.

3 Il y a, *ago*

il y a + time is a useful phrase. You can make it more or less specific by adding a qualifier such as **environ** or **à peu près** often but not always, before the time:

> Je l'ai vu pour la dernière fois il y a à peu près deux ans
> il y a deux ans, à peu près.

The same construction can be used in other tenses. A useful and relatively easy one is the future simple **il y aura**. One commonly hears this used with **bientôt** to mean *It's nearly/close on ... x years that something has been in effect*:

> Il y aura bientôt trois ans que nous sommes propriétaires dans le Sud-Ouest.
> *It's almost three years since we bought the house in the South-West.*

4 s'il arrive que ...?

S'il arrive que... approximates to *if ... something should happen* (in the foreseeable future). This construction normally takes the subjunctive but, with a small modification, this can often be avoided.

> **TIP**: The useful, *if ...?* scenario can often be used without the subjunctive if a personal pronoun is used. In this event, the action verb is used in the infinitive, preceded by **de**. Look at the following examples:
>
> S'il m'arrive de partir en vacances, je ferai de l'auto-stop.
> S'il lui arrivait un jour de quitter son emploi, il ne saurait que faire.

Exercice de compréhension – 3

Answer the following questions in French, using complete sentences:

(a)   Comment Evelyne explique-t-elle la panne du baladeur au responsable du service réparation?

(b)   Quelles sont les précisions qu'elle donne sur la suite des événements après l'achat?

(c)   Quelle stratégie le responsable adopte-t-il d'abord envers Evelyne?

(d)   Quelle est la réponse d'Evelyne, et que compte-elle faire?

(e)   Expliquez ce que l'on veut dire par 'satisfait ou remboursé'.

In the dialogue above, the problem is settled amicably, without rights and wrongs being tested. Not all such situations can be settled in this way. The following French legal menu lists some of the common terms which are used. Some attempt is made to grade the degree of seriousness of each item.

The initial problem

1	une différence/une divergence d'opinions	*a simple disagreement*
2	un différend, un malentendu	*a quarrel which one or both parties feel the need to settle.*
3	un litige	*a lawsuit, dispute*
4	un plaideur	*a litigant*
5	le tribunal	*the court*

What to do

1 On **règle** une différence/divergence **entre amis** ou **à l'amiable** (if possible), mais si la différence **subsiste**, il faut penser à autre chose.

2 On peut **régler** un différend **ou un malentendu à l'amiable**, mais souvent **on fait porter le différend devant un service de contentieux**.

3 On **consulte** ou **on a recours à** un avocat pour qu'il vous **représente en justice**.

Common questions

■ Dans cette affaire, suis-je dans mon (bon) droit de …?

■ A-t-il le droit de …?

■ Ai-je droit à …?

■ À quel titre …?

■ Est-il en droit de …?

☑ Exercice pratique – 4

Using the material above, and a dictionary if you wish, translate the following passage into English.

Il m'a demandé s'il fallait avoir recours à un service de contentieux, ou s'il fallait régler à l'amiable. En plus, il m'a demandé s'il avait droit à un remboursement de ses frais de déplacement. Je veux bien … mais à quel titre? Le service des contentieux a un grand avantage: l'affaire se règle rapidement, et pas cher. Mais est-il en droit de demander des frais de déplacement? Ça … j'en sais rien.

9 | LES LOISIRS

With the *rentrée* successfully negotiated by the Allégri family, Evelyne plans to spend her free evening each week pursuing one of her interests – the cinema. As energetic as ever, she decides to start up a *ciné-club* with a friend in their small community. First, she must persuade her friend that it is all worth the effort…

Objectifs linguistiques

■ to learn the protocols of acquaintance and friendship
■ to plan and organise – a committee!
■ to develop the language of formal speeches

In this unit, we shall be refining a number of basic techniques connected with getting over the correct message in human relationships.

Dialogue 1

Evelyne invites her friend around one evening to see whether she might be interested in helping with the proposed ciné-club. *Her friend, Josette, has not been forewarned of the project…*

Evelyne Entre, entre, Josette. Alors, comment vas-tu…? Dis-moi, qu'es-tu devenu ces derniers mois? – ça fait un bon moment qu'on ne se voit plus comme autrefois, pour rire, pour sortir, n'est-ce pas?

Josette Eh oui, ce n'est que trop vrai – et combien il est difficile de trouver le temps à présent. Mon emploi du temps de cette année reste très chargé: deux classes de première, des postes supprimés, des stagiaires: c'est la folie! Je rentre le soir

éreintée, et encore des paquets de copies à corriger. Mais que
veux-tu? Des fois…

Evelyne   Je te comprends, Josie, mais tu vas te rendre malade: le lycée
peut bien se passer de toi de temps en temps … il faut savoir
te distraire un peu, sortir du train-train quotidien …

Josette   Je veux bien te croire, Evelyne, mais … oh! je m'explique
mal...

Evelyne   Ecoute … il m'est venu une idée l'autre jour. Tu te souviens de
nos sorties hebdomadaires aux cinémas de Tours? Eh bien,
pourquoi aller si loin? Pourquoi ne pas faire venir des films ici,
au village? Un petit ciné-club serait d'une grande utilité à
beaucoup de nos voisins pour qui le déplacement le soir est
peu commode. Qu'est-ce que tu en penses?

Josette   Mais il nous manque à la fois le matériel et les moyens et puis,
qui finalement va tout organiser, en prendre la responsabilité?

Evelyne   Mais nous deux, bien sûr! Tes connaissances admirables en
matière de films sont bien connues, et pour ce qui est du
matériel, il y a tout ce qu'il nous faut dans la salle des fêtes du
village …

Josette   Minute, papillon! Et Madame aurait reçu au préalable
l'autorisation du maire, je suppose..?

Evelyne   Non … mais puisque tu es aussi Madame le maire-adjoint, il y
a de fortes chances que notre projet ne reste pas longtemps à
l'état de projet. Elle est géniale, non, l'idée, n'est-ce pas…?
Plus j'y réfléchis, plus le projet devient intéressant!

Mots-clés

autrefois	*the past, a while ago*
sortir	*in this sense, to go out for entertainment*
emploi du temps (m)	*personal timetable, work duties*
supprimé	*cancelled, taken away, lost*
stagiaire (m), (f)	*trainee, participant in a course, probationer*
éreinté	*completely drained, bushed, tired out.*
des copies (f)	*homework (from the teacher's point of view!)*

se distraire	*to seek entertainment,*
	do something different
train-train (m)	*routine, grind*
quotidien	*daily*
hebdomadaire	*weekly*
salle des fêtes (f)	*village hall, community centre*
au préalable	*prior, in advance*

Premiers secours

1 Greeting and friendship

Opening conversations in another language can be difficult. In this simple dialogue, however, Evelyne uses well-worn techniques to involve Josette. Notice that a simple question is often followed by a statement elaborating the situation – thus giving the other party time to respond. Such words as *alors, dis-moi, n'est-ce pas*? are not just 'fillers', but ways of inviting a response. Below are given examples of greetings you may hear, their level of formality, and a possible response at the same level.

Informal greeting	Response
Comment vas-tu? / Comment tu vas?	Très bien, merci … et toi?
	Oh! pas trop mal … et toi?
Comment ça va? / Ça va? /	
Salut, ça va?	Ça va à merveille … et toi?
	Si, ça va … et toi?

In both cases above, the italicised answer is perhaps less optimistic! Much is indicated by intonation in these circumstances, and you will occasionally hear someone say, for example, *Non, ça ne va pas du tout!*

More formal greeting	Response
Bonjour, Madame, comment-allez-vous?	Très bien merci, et vous-même?

In new situations where immediate acquaintance or friendship play no part, a more careful approach, similar to that in formal letter-writing is required.

Formal greeting	Response
Bonjour, Madame Castets, très heureux de faire votre connaissance.	Et vous-même *or, better,* ... Enchantée...!

These latter formal introductions often take the form of a third party introducing you to another person, where the act may go like this:

Monsieur Lebrun Monsieur le maire, j'ai l'honneur de vous présenter notre amie, Mademoiselle Desbrosses...

Monsieur le maire Très heureux…
(en tendant la main)

Mlle Desbrosses Enchantée, Monsieur le maire.

Leave-taking

Here, French has many levels of response, many of them referring to a time in the future when you will meet the person again. In these cases, most examples use the preposition *à* + the desired time.

Au revoir, William, à la semaine prochaine *Bye, William, see you next week.*
Bonsoir, Catherine, à la prochaine *Bye, Catherine, see you....!*

Two very common forms of leave-taking, often used in shops, are *Au plaisir...* (short form of *au plaisir de vous revoir*) and the ubiquitous *Bonne journée...* (similar to 'Have a nice day'). In colloquial French, there is often an added element of farewell in leave-taking, as in *Au revoir ... et bonne route!*

2. *classe de première*: in the French educational system, secondary school classes begin at *sixième* (about 11 years) and end in *première* (about 17/18 years). These latter classes prepare for public examinations.

3. The *maire* in a French village or town is not an honorific title. He or she is elected politically, and has a degree of executive power. In some major towns and cities, the person combines the local role with a national one, as an MP, or *député-maire*.

◢Exercice de compréhension – 1

Answer the following in French, using complete sentences:

(a) Comment Evelyne acceuille-t-elle Josette?
(b) Depuis quand ne sont-elles pas sorties, selon Evelyne?
(c) Comment Josette explique-t-elle cette situation?
(d) Quels conseils Evelyne se permet-elle de donner à sa copine?
(e) Qui, selon Evelyne, bénéficieraient le plus d'un ciné-club local?
(f) Quelles sont les objections de Josette, et comment Evelyne les exploite-t-elle?

◢Exercice de dépouillement – 1

Look closely at the dialogue between Evelyne and Josette. Below are a number of English phrases which match some of their statements. Can you find the equivalent French phrases?

(a) It's quite a while since …   ....
(b) How difficult it is.   ....
(c) It's sheer lunacy.   ....
(d) Yes, I'm sure…   ....
(e) Hey, hold on!   ....
(f) Yes, I believe you!   ....
(g) But what can one do?   ....
(h) Listen…   ....

> **TIP**: Do not reject these phrases as insignificant. Note how the characters use them – they are very much part of the means of convincing the other party of one's state of mind.

Exercice pratique – 1

Look at the following scenario and, using the material above, construct a suitable dialogue in French. A number of hints are given to help you structure your answer.

A French friend rings you out of the blue, in some distress. An overworked administrator (*fonctionnaire*), he/she obviously needs some support and advice…

You Allô, allô… j'écoute… eh bien! Christiane/Christian… Comment vas-tu..?

C   *Not too bad, thanks… well… not too good, actually.*

You It's quite some time since we met for our weekly outings to the theatre – what a shame, too!

Continue the phone conversation, including the following actions:

- an invitation to visit you
- some friendly advice on reducing stress
- a suggestion that you both take up the visits to the theatre.

⬛ Notes grammaticales

Position of adjectives: the general rule in French is that an adjective follows its noun – just the opposite of English usage. So we have, for example, *un ciel gris* – a grey sky. **But a number of very common constructions in French using adjectives also differ radically from English use**. This is particularly the case when using the adjectives *combien*, *comme* and the exclamatory *que*…! These adjectives give emphasis to your meaning, as in the two examples in the main dialogue above. When you wish to say *how…something is*, the rule in French is that **the chosen adjective follows the verb**.

> **Qu**'il est **bizarre**, ce jeune homme! *What a strange young man he is!*

> J'ai voulu savoir **combien** il était **persuadé** de sa capacité intellectuelle. *I wanted to know how convinced he was of his intelligence.*

Similarly, when you wish to compare and emphasise, using the double *plus … plus** construction (the more… the more…), the adjective you choose will follow the verb. Evelyne uses this at the end of the dialogue above:

> Plus* j'y réfléchis, **plus*** le projet devient **intéressant**. *The more I think about it, the more interesting the project becomes.*

*Note that the French 'le' is not required to reproduce the English construction of '*the* more'.

⁊ Activité

Evelyne and Josette have put together a sample programme for the first month of their *ciné-club*. They have written summaries (*fiches-cinéma*), which are given below. Read these, and then complete the activities as asked.

1.

L'AUTRE CÔTÉ DE LA MER

de D. Cabrera

Un patron pied-noir resté en Algérie après l'indépendance part en France pour la première fois. Son ami Belka le pousse à rester en France pour éviter la guerre civile. Pourquoi? Derrière le dos de son ami archi-naïf, Belka a réussi à vendre l'entreprise du patron… Film cruel mais sans rancune.

2.

JEUX DE LUMIÈRE

de F. Cassin

Le film suit les parcours croisés de cinq amis au cours d'un an: au travail, chez soi, dans le monde des loisirs. Peu à peu les personnages découvrent les limites du mensonge et ses conséquences. Attention! le dialogue est souvent complice de la dissimulation. Film dramatique, pas sans humour.

3.

CUVÉE DE PRESTIGE

de R. Démovitz

Deux frères polonais arrivent à Paris après la chute du communisme. Beaux, intelligents, ils se débrouillent pour avoir de petits jobs. Du mensonge léger, ils passent à l'imposture, se frayant un chemin brillant parmi le Tout-Paris. Le problème? Leur soeur cadette les rejoint. Film d'humour, mais pas sans sérieux.

Using your dictionary, find English equivalents for *pied-noir*, *rancune*, *archi-naïf*, *parcours*, *complice*, *chute*, *se frayer*, *le Tout-Paris*, and *cadet(te)*.

Choose a film you have seen and, using the expressions in the three examples (and your own finds!) write a similarly brief *fiche-cinéma* of your own.

Dialogue 2

Here, there are three participants – Evelyne, Josette, and the local *maire*, Michel Lebrun. Evelyne and Josette go to the *mairie* to put their project to him.

Michel   Bonjour, bonjour Josette, Madame Allégri, comment allez-vous? Débordées de travail sans doute, toutes les deux…!

Evelyne   Eh oui, Monsieur le maire, mais pas plus que vous sans doute.

Michel   C'est vrai, la fonction de maire n'est pas sans contraintes, comme on dit, et surtout dans de petites circonscriptions comme celle-ci. Mais qu'est-ce que je peux faire pour vous?

Josette   Si tu te rappelles bien, Michel, je t'ai parlé l'autre jour d'un projet, de ciné-club, pour la commune – une idée qu'a eue Evelyne, un projet sans risques politiques, bien sûr!

Evelyne   Et qui pourrait, Monsieur le maire, accueillir des personnes de tout âge, de toute opinion, n'est-ce pas? Un vrai foyer d'intérêt et de détente!

Michel   Je suis persuadé que l'idée est sans reproche; seulement n'y voyez-vous pas un inconvénient? Il y a la télé, soit d'Etat, soit payante – donc des films à volonté, à toute heure et pour comble de malheur, la cassette-vidéo…

Josette   Tu as bien raison, Michel – il y aura de la concurrence, c'est sur! Mais l'intérêt du projet, c'est dans l'action commune: les adhérents vont, dans la mesure du possible, choisir leur propre programme. On pourrait par exemple envisager une suite de films autour d'un thème ou d'un metteur en scène, ou même choisir une vedette. Tout est possible…!

Evelyne Et en plus, on envisage la possibilité d'accueillir – de façon limitée – des amis non-adhérents à titre d'invités, afin d'élargir la participation. Et pourquoi pas un groupe de discussion après la séance, si les gens veulent s'y prêter?

Michel Votre proposition me paraît énormément séduisante, tant sur le plan social que culturel. Seulement, il va falloir trouver un moyen de la réaliser dans le contexte actuel, avec un minimum de frais. Pour la salle des fêtes et le matériel de cinéma, nous avons tout ce qu'il faut: mais il importe de trouver une structure pour le club: responsables, un comité peut-être… Tiens, j'ai une idée: une association 1901! Il y a bien sûr certaines formalités, mais pas trop compliquées…

Evelyne C'est génial, Monsieur le maire! Et pourrait-on sans indiscrétion vous proposer pour président de l'association? Josette et moi, nous assurerons la gestion quotidienne du club le côté secrétariat, et ainsi de suite. Votre soutien serait formidable – le projet déjà réalisé, n'est-ce pas?

Mots-clés

fonction (f)	job, post, office
circonscription (f)	electoral constituency
commune (f)	borough, district
foyer (m) **d'intérêt**	focus of interest
détente (f)	relaxation
à volonté	in profusion, as many as you wish
pour comble de malheur	last, but not least (pejorative)
concurrence (f)	competition
adhérent (m) **-e** (f)	member (of a club, etc.)
metteur en scène (m) (f)	producer
à titre de	in the role of, as…
se prêter à	to allow oneself to…
séance (f)	showing (of a film)
tant… que….	as much on… as
formalité (f)	formality, condition
le côté…	the …. side (familiar)

Premiers secours

● *Personne*: This feminine noun is used both of males and females, in the sense of either 'a private person' or, in the plural, as 'people'. It should not be confused with two similar French words from the same root: *personnage*, and *personnalité*.

In the second *fiche-cinéma* above, you will have seen the sentence ... *Peu à peu les personnages découvrent...* . This is a major use of the term – as **characters** in a fictional situation. But this use also extends to meaning a celebrity or well-known person, as in:

> Le Président de la République est un personnage à qui, en principe, toute personne peut accéder. *The President (in his role as...) is a person to whom each of us has, in theory, access.*

And a word of warning here: the French *caractère* (m), like *personnalité*, means someone's **personality** or **moral make-up**. Look at the following sentence to distinguish the meanings:

> Le caractère du personnage principal du film est très ambigu. *In the film, the main character's personality is extremely ambiguous.*

● *Une association 1901*: This equates, under French law, to the British sense of a **non-profit-making organisation**. It is a means of avoiding unwieldy organisational structures for small groups of people with a common purpose, and has a simplified registration procedure.

● *Sans indiscrétion*: a very useful phrase in French. It allows you to be indiscreet in an enquiry to someone, but to excuse the indiscretion in advance. It is frequently used!

● **Soutien** (m): Equates to English 'support'. The verb *soutenir* can be used with people or things (*soutenir une personne, soutenir une proposition*). Modern usage, however, now distinguishes this type of support (moral), from financial support, for which the terms *support* (m) or *subvention* (f) have been adopted.

Exercice de compréhension – 2

Answer the following questions in French, using complete sentences.

(a) Comment le maire exprime-t-il son opinion de sa fonction?
(b) Quel serait l'avantage principal, selon Evelyne, du club?
(c) Quel genre de programme pourrait-on envisager?
(d) Selon Michel, quels seraient les inconvénients du projet?
(e) Selon vous, pourquoi Michel adopte-t-il le projet? Quelles seraient ses raisons?
(f) Comment le club va-t-il s'organiser?

Exercice pratique – 2

A partially complete draft of Evelyne's and Josette's membership brochure is given overleaf. Translate the first paragraph into English, then translate the italicised phrases into French, using the phrase list below.

Rayer la mention inutile   prière de remplir

avant le 8 octobre

Auriez-vous   A retourner à   lesquels

cochez la case correspondante   Êtes-vous retraité(e)

Venez nombreux

films: d'espionnage, d'anticipation, love story,

policiers, d'humour

CINE-CLUB

Le Ciné-Club compte vous proposer un programme de 8 films par semestre, et se réunira le mardi à 20h, dans la salle des fêtes, rue Salomon. La première réunion, le 9 octobre, prendra la forme d'une assemblée générale, pour tenir compte des volontés de chacun. Cette réunion aura lieu sous la haute présidence de M. le maire, Michel Lebrun. *All welcome!*

Pour mieux vous servir, *please fill in* le bulletin ci-dessous:

Auriez-vous des préférences pour: *sci-fi films*   ☐

     romantic drama   ☐

     comic films   ☐

     police films   ☐

     spy films   ☐

     autre(s)*   ☐

Which? ....
(*tick the appropriate box*)

How old are you?   moins de 20 ans   ☐

     moins de 35 ans   ☐

     moins de 50 ans   ☐

     moins de 65 ans   ☐

Are you retired ?   oui/non

                 (*cross out the inapplicable*)

Return to: Josette Duroc
          Mairie de Saint-Faust

before 8th October

The third element in Unit 9 is the meeting of October 9th. Instead of a dialogue in the true sense, it is an opening speech by the *maire*, Michel Lebrun. Watch out for his tricks of the trade when speaking in public. You may need some of them in France!

Discours

MICHEL LEBRUN:

Mesdames, Mesdemoiselles, Messieurs, bonsoir et soyez les bienvenus à cette première réunion des amis du Ciné club.

Je suis très sensible à l'honneur que vous me faites en m'invitant ce soir à votre réunion – je dis **votre** réunion – parce que je sais combien il peut être difficile, des fois, d'activer les gens en matière de culture comme en matière de politique. Issu de la volonté et de l'enthousiasme de deux d'entre vous, le club a su animer les esprits et renforcer le sentiment de solidarité de notre petite commune. Pour parler franchement, je ne m'attendais pas ni à l'importance du club – plus de 90 membres, chiffre énorme – ni à la collaboration efficace qui a su créer un programme si intéressant et de si large envergure.

Je suis encore plus sensible à et infiniment reconnaissant pour, n'est-ce pas, l'honneur que vous m'avez fait ce soir-même en me proposant pour premier président de notre ciné-club. Si c'est peut-être le premier poste où je n'ai pas posé ma candidature dans les délais prévus par la loi, c'est une responsabilité qui ne me sera que plus chère!

Finalement, en fonction de maire de Saint-Faust, il m'incombe de remercier tous ceux qui ont participé à l'élaboration de ce projet, à sa réalisation, et de vous assurer que la commune fera tout son possible pour voir réussir cette activité si proche de l'identité culturelle française.

Chers amis, amateurs de cinéma, je vous salue, et de la part du comité, vous invite à prendre le verre de l'amitié qui vous sera servi dans la salle à côté. Merci, merci…!

Mots-clés	
sensible à	*to be touched by (feeling)*
en matière de	*in the field of...*
animer les esprits	*to encourage people*
solidarité (f)	*solidarity, common aims*
envergure (f)	*size, generally large or broad*
poser la candidature	*to nominate (for a post, office)*
en fonction de	*in my role as....*
verre (m) **de l'amitié**	*a celebratory drink*
à côté	*adjoining*
incomber	*to be one's duty, usually used impersonally*
proche de	*close to*

Premier secours

● **Formal expressions of duty, responsibility**. In modern French, there still remains a certain formality in public speaking. Note that Michel uses a number of set phrases which express his feelings, but also his position. These include *être sensible à l'honneur que*, *il m'incombe de*, and *en fonction de*. In many ways these expressions can be compared with the status rules given for formal letter-writing in an earlier unit.

● *Poser sa candidature*: this seemingly rather formal expression means either **to allow one's name to go forward for a job or post**, or **to put in an application for a job or post**. It is not reserved for politics, but also applies to the world of work.

● French speeches often refer to the process by which ends are achieved. The verbs *élaborer*, *réaliser*, and their nouns *élaboration*, *réalisation*, are therefore extremely common – and useful. Remember also that good French has now accepted *réaliser* as an equivalent to *se rendre compte*, though some purists still disapprove!

✓ Exercice de compréhension – 3

Answer the following questions in French, using complete sentences.

(a) Comment Michel exprime-t-il ses sentiments en début de discours?
(b) Comment le club a-t-il été crée, selon le maire?
(c) À quoi le maire ne s'attendait-il pas?

(d) Quel a été l'effet social le plus important de la création du ciné-club?

(e) Selon le maire, quelle serait l'attitude de la commune envers le projet?

(f) Qu'est-ce que c'est que le verre de l'amitié?

Exercice pratique – 3

(a) Give the English equivalents for: *voir réussir cette activité, délais prévus par la loi, amateurs de cinéma*, and *je vous salue*.

(b) Use each of the above in a suitable sentence.

example: Les amateurs de cinéma à Londres sont très nombreux.

Activité

You have recently spent some time in a large French village or small town, where, with a friend, you have started up a Franco-British club or circle. You are delighted with the response, and have been asked to be its first chairperson *(president(e))*. Your first duty is to give a 'thank you' speech, in both English and French, at the inaugural meeting. Below is the English version. Using material from this unit, compose a similar speech in French Good luck!

Ladies and gentlemen,

Welcome to our first meeting of the Franco-British circle. Allow me to say how touched I am to have been asked to say a few words at this meeting, particularly in order to thank those of you who have worked so hard to create this new association.

Truly, the large number of members was quite unexpected! But your enthusiasm and commitment has revived an interest in things French and British, and strengthened a common sense of purpose in this commune.

However, I am deeply touched, and grateful, by your wish that I should be your first chairperson. I assure you I shall do all I can to promote this initiative.

Finally, on behalf of your committee, it is my pleasant duty to thank you all for coming along this evening, and to invite you to drink to the success of the venture.

10 | CONCLUSION: CONNAISSEZ-VOUS VRAIMENT LES ALLEGRI ET LEURS AMIS?

In this short revision unit, you will be asked to look again at the work you have done. In all dialogues and exercises, we have tried to give each character a distinct personality. Here, we shall ask you to construct a small character study of each of the major players in the story, as though you were a journalist writing a human interest story.

In each case, you will be given two sets of information (*fiches*) – one about the points to cover (you may wish to add your own) and a vocabulary list (again, this is not exhaustive, and you may wish to add to it). Not all the vocabulary will be applicable to the character studied, but may be useful to point you towards expressions you need.

To make your task a little more interesting, we have added a horoscope for each person…

A Evelyne Allégri, 32 ans mariée.

1. Age: jeune? plutôt jeune?
2. Education: faculté ou autre? cours choisis?
3. Situation de famille: mariage, enfants?
4. Compétences professionnelles?
5. Personnalité?

---

s'occupe de tout à la maison ✪ est très indépendante
✪ renforce le rôle traditionnel de la femme ✪ préfère la
franchise ✪ ne dit pas toujours ce qu'elle veut dire ✪ plutôt
intellectuelle que pratique ✪ a le sens du devoir et de la
responsabilité ✪ ménage son mari ✪ un peu renfermée en
elle-même ✪ passive en amitié ✪ s'échauffe facilement en
famille ✪ sens de l'humour?

Scorpion

24 octobre – 22 novembre

Après un printemps plutôt difficile, vous devriez vous reposer un peu. Cherchez à contacter des personnes importantes uniquement si votre vie professionnelle l'exige.

Octobre vous verra beaucoup plus optimiste, mais sachez que vous avez vous-même créé certains obstacles à votre bien-être. Laissez faire un peu, tentez d'être plus compréhensive et patientez un peu: votre forme reviendra, mais doucement. L'hiver est très prometteur, en culture comme en amitiés.

Couleurs: jaune, vert

TIP: Use the horoscope to remind you about Evelyne's personality and reactions, before setting them down in your character study.

B René Allégri, 33 ans, marié.

1. Age?
2. Formation?
3. Situation de famille?
4. Aptitudes professionnelles?
5. Personnalité?

père distrait ✪ s'exprime avec difficulté
✪ à tendance à paniquer ✪ traditionnel en matière de famille
✪ est enthousiaste ✪ a la vue large ✪ artiste culinaire ou
homme d'affaires? ✪ se fie facilement aux autres
✪ n'apprécie pas tout à fait le rôle de sa femme.

Verseau

21 janvier – 19 février

L'année passée vous a fatigué, mais votre étoile ne vous quittera pas!
Surtout n'oubliez pas les vacances: si vous les choisissez bien, vous
serez en mesure de tout confronter à l'avenir. Mais attention! changez
d'environnement, ne laissez pas le quotidien vous posséder. Vous avez
besoin de détente: la campagne pourrait vous séduire.

couleurs: brun, rose

C La mère d'Evelyne, 67 ans, veuve.

1. Age: d'un certain âge? troisième âge? vieille dame?
2. Domicile?
3. Intérêts?
4. Personnalité?

grand-mère traditionnelle ✪ vieille France? ✪ indépendante ✪
prudence excessive ✪ plutôt optimiste/pessimiste? ✪ rapports
entre William et sa grande-mère? ✪ n'aime pas les animaux ✪
soucieuse de sa propre santé? ✪ rapports mère- fille?

Taureau

21 avril – 21 mai

L'été vous sera favorable si vous ménagez vos forces. Juillet vous
demandera de faire face à l'inévitable, mais vous saurez bien vous
reposer. Un petit voyage vous remontera le moral: allez voir vos
proches – ils sont capables de vous apporter ce dont vous avez besoin.
Si vous voulez offrir des cadeaux, allez-y! ils seront très appréciés.

couleurs: rouge, bleu

D Josette, 42 ans, célibataire

1. Age?
2. Situation de famille?
3. Profession?
4. Intérêts, loisirs?
5. Personnalité?

✪ enseignante ✪ responsabilités ✪ assiduité au travail ✪ emploi du temps ✪ surmenage ✪ déprime ✪ inquiétudes ✪ devoir civique ✪ sensibilité ✪ attitude négative/positive?

Lion

24 juillet – 23 août

En général, tendance favorable. Mais vous aurez à gérer un certain nombre de choses imprévisibles, les unes très agréables, les autres franchement casse-pieds. Votre prudence naturelle n'est pas sans dangers: apprenez à sortir un peu, retapez des amitiés languissantes: votre équilibre ne reviendra que plus vite.

Couleurs: bleu marine, orange

E Michel Lebrun, 45 ans, divorcé

1. Age?
2. Situation de famille?
3. Fonction?
4. Personnalité?

✪ maire de la commune de Saint-Faust ✪ ne se convainc pas
facilement ✪ accepte volontiers les conseils d'autrui
✪ voit à la fois avantages et inconvenients d'un projet
✪ se soucie peu du contexte politique ✪ de caractère sympathique
✪ témoigne d'une certaine froideur

Belier

21 mars – 20 avril

L'automne ne sera pas sans épreuves. Il vous sera exigé à la fois du tact
et du discernement. Evitez tout conflit inutile, fiez-vous aux autres, et
laissez développer une ambiance de confiance tant dans votre vie
professionnelle qu'intime. Pour les célibataires, ce mois-ci pourrait
favoriser des rencontres fructueuses. Ne cherchez pas trop loin!

Couleurs: blanc, rouge

No key is given to the exercises in the last unit, since each will have a
different response to the information given. But do attempt the exercise
after re-listening and/or re-reading the appropriate dialogues.

We hope you have enjoyed studying this course, and that you are now
better equipped to deal with some common situations in France. Your
further language study should not neglect such treasure-houses of
information as mail-order catalogues, men's and women's magazines and
popular newspapers. Each has its value when attempting to come to terms
with a different culture, and will extend the range of your understanding
and competence in French.

GRAMMAIRE-ECLAIR

In these summaries, we have grouped additional help in choosing the correct constructions. Each point is made briefly, so as to be more immediately useful. In order to get the full story, you should use a good French grammar book. Here, the language constructions are pinpointed not by where they belong in the traditional grammar, but by which function they fulfill.

For those who are unfamiliar with the grammar beast, it can turn into a beauty if looked at fairly analytically. For this reason, we have decided to lay out below just two sample sentences in French, whilst indicating what each element is.

René et Evelyne	*ont*	*un fils*	*qui*	*s'appelle*	*William*
subject	**main verb**	**object**	**relative pronoun**	**relative clause**	

⎿___ MAIN CLAUSE ___⏌ ⎿___ RELATIVE CLAUSE ___⏌

William	*veut*	*que*	*sa mère*	*lui*	*donne*	*un ballon*
subject	**main verb**	**conjunction**	**subject**	**indirect object**	**verb**	**direct object**

⎿___ MAIN CLAUSE ___⏌ ⎿___ DEPENDENT CLAUSE ___⏌

1 Persuasion, opinions and conviction

(a) Verbs of saying and thinking such as:

croire
penser
dire
estimer and the like

(b) Expressions describing an opinion or conviction:

être persuadé	**de l'avis (or d'avis)**
convaincu	**sûr/certain**

(c) An opinion described as possibility or probability:
   il est possible
   il est probable (usually taken as a certainty)

When these expressions are followed by **que** and a dependent clause they are governed by the *degree of probability* rule:

■ If the speaker is sure that his opinion/thought, etc is 100% accurate, and that the event he described is going to happen, then the *indicative* follows **que**.

■ If the speaker has clear doubts
      or presents his opinion as a question
      or as a negative statement
   then the *subjunctive* follows after **que**.

The sequence of tenses to use, and more detailed information appear in Unit 3. See also 4 below.

2 Linking sentences

French has many ways of connecting sentences to extend the meaning. Sentences are normally connected by *conjunctions*, of which **et** and **mais** are arguably the most popular in everyday speech. These two connect sentences of equal value. But when one sentence seems to depend on another, the question of *mood* arises: whether to use the subjunctive in the dependent clause.

More complex connections are made by common conjunctions which may involve:

(a) Time: **avant que**, **jusqu'à ce que**, **en attendant que**, which are followed by *the subjunctive*

   après que, **pendant que**, **alors que**, **à mesure que**, which are followed by *the indicative*

(b) Purpose: **afin que**, **pour que**, which take *the subjunctive*

(c) Conceding: **quoique**, **bien que**, which take *the subjunctive*

(d) Conditions: **pourvu que**, **à moins que**, **supposé que**, all of which take *the subjunctive*

■ You may have noted a clue to whether the subjunctive or indicative is used. It again depends on *probability*: if the event described in the dependent clause is not *fact*, then the subjunctive is generally used.

■ Space precludes the listing of more conjunctions, but your grammar and dictionary will help here.

3 General statements

Colloquial French uses some verbs impersonally – i.e. in the third person singular, masculine form – to make a general statement about events or things. These include:

(a) The weather: **il pleut, il neige, il gèle, il fait beau, il fait mauvais (temps)** where **il** refers to the phenomenon itself (**la pluie pleut**).

(b) General statements or opinions (possibly unsubstantiated): **il arrive** (with or without **que**), **il existe** + an article + noun, **il y a** and **il se trouve** (*there is/are*)

> Il est arrivé une énorme catastrophe.
> Il existe de tels problèmes.
> Il y a deux jours de repos.
> Il se trouve là de belles voitures.

(c) The verbs **falloir** (*to be necessary*), **valoir** (*to be worth*), **s'agir de** (*to concern, to be about*), and **convenir de** (*to be as well to, to be a good idea to*). These verbs can be used in most tenses, using the impersonal **il** just as we use *it* in English. Compound tenses of **convenir de**, in the sense above are, however, generally avoided.

> Il faut partir.
> Il s'agit de votre santé.
> Il convient de s'accorder sur le prix.

4 Volition, willing things, emotion

Where such verbs as **désirer**, **aimer**, **vouloir**, **ordonner**, **craindre**, **regretter** or similar are needed, these can, at the simplest, be followed by a noun or an infinitive:

> Je veux une glace.
> J'aime lire.
> Je regrette son triste sort.

The brutality of the present tense is often lessened by the use of the politer conditional or conditional perfect – **J'aimerais** bien **voir** ma fille, **j'aurais** bien **aimé voir** ma fille - the latter neatly indicating an unfulfilled wish.

The above verbs, however, frequently appear with a dependent clause, introduced by **que**. Here, whether the main clause is affirmative, negative, or interrogative, the SUBJUNCTIVE is likely to be used after **que**.

Voulez-vous que nous allions au cinéma?
Je voulais qu'il terminât son dessin.
Je crains qu'il ne* vienne

* Note the inclusion of **ne** here. It does not have negative force, but often appears with this type of subjunctive construction.

5 Use of reflexive verbs

Reflexive verbs have already been dealt with. Here are some additional tips, which matter more when you write than when you speak. We know that with truly reflexive verbs, in compound tenses, the past participle requires agreement in gender and number with the direct object (which is the same as the subject!) of the verb:

Evelyne et sa mère **se** sont **perdues** à la campagne.
(*They lost themselves* …).

But, if the subject and object of the sentence are NOT the same, and the reflexive pronoun is really a disguised indirect object, no agreement is necessary:

Evelyne, la pauvre! **s'**est **cassé** la jambe.
Evelyne broke her leg – the leg to herself).

If you wish to cover, in French, mutual communication with someone, either by telephone or letter, the same rule applies:

Jeanne et Christiane **se** sont **téléphoné** hier (telephoned **to** one another, from téléphoner à).
Aujourd'hui, elles **se** sont écrit une longue lettre. (same reason).

A further complication, however, confuses some learners. There is an over-riding rule in French. It is called the PDO rule, or Preceding Direct Object. When the direct object precedes the verb, the past participle always agrees with it:

J'ai acheté une voiture, oui, enfin, je **l'**ai achetée hier.

This rule also applies to reflexive verbs, in very common cases, as with **acheter**: Voilà **la voiture qu'**il s'est acheté**e**, … **qu'**il s'est pay**ée**.

MODEL VERBS

Overleaf are given a number of
verb tables, covering only the
irregular and more difficult ones.
Some may not have all their parts,
because they are nowadays
unfamiliar in writing or speech.

INFINITIVE & PARTICIPLES	INDICATIVE		
	Present	**Future**	**Imperfect**
avoir *to have*	ai	aurai	avais
ayant, eu	as	auras	avais
	a	aura	avait
	avons	aurons	avions
	avez	aurez	aviez
	ont	auron	avaient
être *to be*	suis	serai	étais
étant, éte	es	seras	étais
	est	sera	était
	sommes	serons	étions
	êtes	serez	étiez
	sont	seront	étaient
aller *to go*	vais	irai	allais
allant, allé	vas	iras	allais
	va	ira	allait
	allons	irons	allions
	allez	irez	alliez
	vont	iront	allaient
appeler *to call*	appelle	appellerai	appelais
appelant, appelé	appelles	appelleras	appelais
	appelle	appellera	appelait
	appelons	appellerons	appelions
	appelez	appellerez	appeliez
	appellent	appelleront	appelaient

	CONDITIONAL	IMPERATIVE	SUBJUNCTIVE	
Perfect			**Present**	
ai eu	aurais	aie	aie	**Imperfect**
as eu	aurais	ayons	aies	eusse, eût
a eu	aurait	ayez	ait	**Perfect**
avons eu	aurions		ayons	aie eu
avez eu	auriez		ayez	**Pluperfect**
ont eu	auraient		aîent	eusse eu
ai été	serais	sois	sois	**Imperfect**
as été	serais	soyns	sois	fusse, fûr
a été	serait	soyez	soit	**Perfect**
avons été	serions		soyons	aie été
avez été	seriez		soyez	**Pluperfect**
ont été	seraient		soient	eusse été
suis allé(e)	irais	va	aille	**Imperfect**
aes allé(e)	irais	allons	ailles	allasse, allât
est allé(e)	irait	allez	aille	**Perfect**
sommes allé(e)s	irions		allóns	sois allé(e)
êtes allé(e) (s)	iriez		alliez	**Pluperfect**
sont allé(e)s	iraient		aillent	fusse allé(e)
ai appelé	appellerais	appelle	appelle	**Imperfect**
as appelé	appellerais	appelons	appelles	appelasse, appelât
a appelé	appellerait	appelez	qappelle	**Perfect**
avons appelé	appellerions		appelions	aie appelé
avez appelé	appelleriez		appeliez	**Pluperfect**
ont appelé	appelleraient		appellent	eusse appelé

INFINITIVE & PARTICIPLES	INDICATIVE		
	Present	**Future**	**Imperfect**
s'asseoir *to sit* s'asseyant, assis	m'assieds t'assieds s'assied nous asseyons vous asseyez s'asseyent	m'assiérai t'assiéras s'assiéra nous assiérons vous assiérez s'assiéront	m'asseyais t'asseyais s'asseyait nous asseyions vous asseyiez s'asseyaient
craindre *to fear* craignant, craint	crains crains craint craignons craignez craignent	craindrai craindras craindra craindrons craindrez craindront	craignais craignais craignait craignions craigniez craignaient
devoir *to have to, to owe* devant, dû (due, dus, dues)	dois dois doit devons devez doivent	devrai devras devra devrons devrez devront	devais devais devait devions deviez devaient
espérer *to hope*	espère espères espère espérons espérez espèrent	espérerai espéreras espérera espérerons espérerez espéreront	espérais espérais espérait espérions espériez espéraient

	CONDITIONAL	IMPERATIVE	SUBJUNCTIVE	
Perfect			**Present**	
me suis assis(e)	m'assiérais	assieds-toi	m'asseye	**Imperfect**
t'es assis(e)	t'assiérais	asseyons-nous	t'asseyes	m'assisse, s'assît
s'est assis(e)	s'assiérait	asseyez-vous	s'asseye	**Perfect**
nous sommes assis(es)	nous assiérions	ne t'assieds pas	nous asseyions	me sois assis(e)
vous êtes assis(e)/(es)	vous assiériez	ne nous asseyons pas	vous asseyiez	**Pluperfect**
se sont assis(es)	s'assiéraient	ne vous asseyet pas	s'asseyent	me fusse assis(e)
ai craint	craindrais	crains	craigne	**Imperfect**
as craint	craindrais	craignons	craignes	craignisse, craignît
a craint	craindrait	craignez	craigne	**Perfect**
avons craint	craindrions		craignions	aie craint
avez craint	craindriez		craigniez	**Pluperfect**
ont craint	craindraient		craignent	eusse craint
ai dû	devrais	dois	doive	**Imperfect**
as dû	devrais	devons	doives	dusse, dût
a dû	devrait	devez	doive	**Perfect**
nons dû	devrions		devions	aie dû
avez dû	devriez		deviez	**Pluperfect**
ont dû	devraient		doivent	eusse dû
ai espéré	espéerais	espère	espère	**Imperfect**
as espéré	espérerais	espérons	espères	espérasse, espérât
a espéré	espérerait	espérez	espère	**Perfect**
avons espéré	espérerions		espérions	aie espéré
avez espéré	espéririez		espériez	**Pluperfect**
ont espéré	espéreraient		espèrent	eusse espéré

INFINITIVE & PARTICIPLES	INDICATIVE		
	Present	**Future**	**Imperfect**
falloir *must* fallu	il faut	il faudra	fallait
plaire *to please* plaisant, plu	plais plais plaît plaisons plaisez plaisent	plairai plairas plaira plairons plairez plairont	plaisais plaisais plaisait plaisions plaisiez plaisaient
pouvoir *can, to be able* pouvant, pu	peux, puis peux peut pouvons pouvez peuvent	pourrai pourras pourra pourrons pourrez pourront	pouvais pouvais pouvait pouvions pouviez pouvaient
savoir *to know* sacharit, su	sais sais sait savons savez savent	saurai sauras saura saurons saurez sauront	savais savais savait savions saviez savaient

	CONDITIONAL	IMPERATIVE	SUBJUNCTIVE	
Perfect			**Present**	
il a fallu	il faudrait		il faille	**Imperfect**
				il fallût
				Perfect
				il ait fallu
				Pluperfect
				il eût fallu
ai plu	plairais	plais	plaise	**Imperfect**
as plu	plairais	plaisons	plaises	plusse, plût
a plu	plairait	plaisez	plaise	**Perfect**
avons plu	plairions		plaisions	aie plu
avez plu	plairiez		plaisiez	**Pluperfect**
ont plu	plairaient		plaisent	eusse plu
ai pu	pourrais		puisse	**Imperfect**
as pu	pourrais		puisses	pusse, pût
a pu	pourrait		puisse	**Perfect**
avons pu	pourrions		puissions	ait pu
avez pu	pourriez		puissiez	**Pluperfect**
ont pu	pourraient		puissent	eusse pu
ai su	saurais	sache	sache	**Imperfect**
as su	saurais	sachons	saches	susse, sur
a su	saurait	sachez	sache	**Perfect**
avons su	saurions		sachions	aie su
avez su	sauriez		sachiez	**Pluperfect**
ont su	sauraient		sachent	eusse su

INFINITIVE & PARTICIPLES	INDICATIVE		
	Present	**Future**	**Imperfect**
vouloir *to want wish*	veux	voudrai	voulais
voulant, voulu	veux	voudras	voulais
	veut	voudra	voulait
	voulons	voudront	voulions
	voulez	voudrez	vouliez
	veulent	voudront	voulaient

	CONDITIONAL	IMPERATIVE	SUBJUNCTIVE	
Perfect			**Present**	
ai voulu	voudrais	veuille	veuille	**Imperfect**
as voulu	voudrais	veuillons	veuilles	voulusse, voulût
a voulu	voudrait	veuillez	veuille	**Perfect**
avons voulu	voudrions		voulions	aie voulu
avez voulu	voudriez		vouliez	**Pluperfect**
ont voulu	voudraient		veuillent	eusse voulu

FRENCH–ENGLISH GLOSSARY

à condition de *if, assuming that*
à condition que *only if, on the condition that*
à côté *adjoining*
à l'heure actuelle *right now, today, (often) in the current climate*
à la charge de (quelqu'un) *to be the responsibility of*
à la tête de *heading up, leading*
à part égale *equal share* (often in business or inheritance)
à propos de *in relation to, about*
à tête reposée *in peace and quiet, unstressed*
à titre de *in the role of, as …*
à volonté *in profusion, as many as you wish*
abordable *reasonable, acceptable* (usually of prices, etc)
accord (m) *agreement*
accorder *to grant, allow*
accroché(s) (lit) *'hooked', regular* (viewers, etc)
accueillir (lit) *to welcome* (but often *to invite into the home*)
acte (m) *contract of ownership, deeds*
acte (m) de vente *sale, agreement*
adhérent (m) -e (f) *member* (of a club, etc.)
adjoint (e) *assistant*

aérogare (f) *airport*
affection (f) *medical condition*
agent immobilier *estate agent*
agréé *approved*
amènagement (m) *sprucing-up, improvement*
animer les esprits *to encourage people*
anomalie (f) *mechanical fault*
annuler *to shut down, cancel*
appareil (m) *piece of equipment*
appareil (m) respiratoire *respiratory tract*
apprécier (apprécié) *popular, well thought-of, well-liked*
apprendre *to learn*
approfondir *to explain, find out, examine*
artisanal *related to a craft or approved trade*
assiette (f), dans votre *feeling yourself, feeling good*
associé(e) *partner* (in business or profession)
atténué *lessened, attenuated*
au cas où *in case, in the event of*
au dépourvu *unprepared*
au fait *in fact, as it happens…?*
au préalable *prior, in advance*
auparavant *previously*
ausculter *listen to heart and lungs*

autant que *as long as, as much as*

autour de *around* (either of place or time)

autrefois *once, some time ago*

avoir bien raison *to be quite right, to have the right idea*

avoir mal à *to have difficulty in doing something*

avoir rapport à *to involve, to relate to*

avoir tardé à *to have delayed doing* (something)

bac (m) *box, container*

bagnole (f) *car, wheels, auto*

baladeur (m) *walkman*

bel et bien *well and truly, really*

bel et bien *thoroughly*

bien conçu *sensibly designed*

blessé *hurt, wounded*

bloqué, coincé *stuck*

bon (m) de garantie *guarantee card*

bourse (f) *grant* (student, etc.)

brassard (m) *inflatable cuff*

brigade (f) *team of kitchen staff, cooks*

ça ne va pas! *that's not fair!*

ça passe bien *I can hear you, it's working fine* (media link)

ça se pourrait *possibly, maybe so*

caisse (f) *cash, cash desk*

casque (m) *cap, safety helmet*

causer *to cause* (also, *to chat*)

caution (f) *guarantee, professional indemnity*

centre (m) de réparation *service centre*

certes *certainly, surely*

charpente (f) *roof timbers*

cheville (f) *ankle*

chevron (m) *cross member*

chiffre (m) d'affaires *turnover*

circonscription (f) *electoral constituency*

claqué, être *to be dog-tired*

clause (f) restrictive *covenant or condition*

coffrage (m) *false ceiling*

coincé(e) *stuck tight*

commande (f) *order* (a product)

comme convenu *as agreed*

commune (f) *borough, district*

compréhensif (-ive) *to be understanding, flexible*

comprimé (m) *a tablet, pill*

concurrence (f) *competition*

convenir à *to suit someone*

conseiller à quelqu'un *to advise someone*

constater *to declare, state*

copain (m), copine (f) *mate, friend, pal*

correction (f) *respect*

coup (m) de fil *a phone call*

coup (m) de main *a bit of help*

courrier (m) *post, mail*

couverture (f) *roof*

crise (f) *an attack* (illness)

d'ailleurs *moreover, in addition*

d'ordinaire *usually, normally*

de dernière heure *last-minute*

de toute façon *at any rate, anyway*

déballer *to unpack*

débloquer *to free up, unblock*

débutant(e) *beginner*

définitivement *once-and-for-all*

dégager *to free up, clear*

dégâts (mpl) *damage*

dénicher (fam) *to get hold of, to obtain*

déposition (f) *statement*

déranger *to upset someone's plans*

des copies (f) *homework* (from the teacher's point of view!)

dès maintenant *straight away, PDQ.*

descriptif (m) *explanatory list, details*

détente (f) *relaxation*

devis estimatif (m) *estimate* (not a quote)

dévoué *devoted*

du coin *local, of the area*

du moins *at least...*

écouteur (m) *earphones, earpiece*

éducation (f) *general upbringing (not just school)*

effectivement *ah! yes!*

élaborer *to construct, put together, create*

éléments (m) de cuisine *fitted units*

emballage (m) *packing*

embaucher *to employ, take on staff*

émission (f) *programme* (media)

emploi du temps (m) *personal timetable, work duties*

en avance *early*

en fonction de *in my role as...*

en matière de *in the field of ...*

en panne *broken, broken down*

en retard *late*

en sus *in addition*

engagement (m) *commitment*

engin (m) *machine (coll.)*

enseignant (m) -e (f) *teacher* (any type)

ensuite *next* (in sequence)

entorse (f) *a sprain*

envahissant(e) *all-embracing, all-consuming*

envergure (f) *size, generally large or broad*

envisager *to plan*

épeler *to spell*

éreinté *completely drained, bushed, tired out*

escabeau (m) *step-ladder*

estimer *to think, to have an opinion*

étourdi(e) *dizzy, light-headed*

étranger à *to be unfamiliar with*

être censé(e) *to be thought to, expected to...*

être censé (faire) *to be expected to (do) something*

être dans son assiette *to be oneself*

être d'accord *to agree (with), to go along with (opinion, etc)*

être de l'avis que *to think that...*

être nul en ... *to be poor at, no good at ...*

éventuel, -lle *possible, likely*

éviter *to avoid*

évoluer *to become more understanding*

exceptionnellement *occasionally, rarely*

exigeant(e) *tough, demanding*

exigence (f) *requirement, a 'must'*

expédition (f) *sending off* (parcels)

extra! *first-class, exceptionally good*

faire de la fièvre *to have a high temperature*

faire demi-tour *to turn round*

faire la mine *to scowl, pull a face*

faire de la température *to have, run a temperature*

faire des reproches (à) *to criticise*

(difference of opinion)

faire revivre   *to restore, invigorate*

faire revoir   *to get something looked at, repaired*

faire/appeler le 15/17/18   *ring the ambulance/the police/the fire-brigade*

fait-divers   *human-interest story, event*

faîtage (m)   *apex* (of roof)

fermeture (f) annuelle   *business holidays*

feuille (f) de maladie   *certificate of illness (for social security)*

fiabilité (f)   *reliability*

fiable   *reliable*

fleur (f) de l'âge   *first flush of youth*

fonction (f)   *job, post, office*

formalité (f)   *procedure*

formalité (f)   *formality, condition*

formation (f)   *training for a job, trade, or profession*

formel, -elle   *formal*

fouetter   *to whip, beat*

fournisseur (m)   *supplier*

foyer   *home, home-life*

foyer (m) d'intérêt   *focus of interest*

frais   *cool, chilled*

frais (mpl) de déplacement   *travel expenses*

franchise (f)   *openness, frankness*

fuite (f)   *(plumbing) leak*

gamme (f)   *the range or spectrum*

gestion (f)   *management, administration*

grande surface (f)   *large supermarket*

grève (f)   *strike*

grippe (f)   *flu*

gronder   *to tell someone off, scold*

habitable de suite   *ready to move into*

hausse (f)   *rise, increase*

haut de gamme   *top of the range*

hebdomadaire   *weekly*

histoire (f) de   *the usual story of*

honneur (m)   *honour, title*

humidité (f)   *damp(ness)*

infiltration (f)   *roof /terrace leak*

intérimaire   *temporary*

inutile de   *don't bother ... doing ... something*

inutile de   *it's no use ...*

jour (m) férié   *public holiday*

journalier (-ère)   *day-to-day, daily*

juste en cas   *just in case (something happens)*

là-dessus   *on that point, about that*

laisser aérer   *to open up, air* (to prevent dampness)

lambris (m)   *wooden cladding*

le côté   *the ... side* (familiar)

le toubib (coll.)   *the doc, the quack, the M.O.*

licenciement (m)   *dismissal (sacking)*

location (f)   *rent*

logiciel (m)   *software*

louer   *to rent*

mal (m) de tête   *headache*

mal fichu(e)   *to feel unwell, rotten*

mamie   lit. *granny*

maniable   *easy to use*

manquer à quelqu'un   *to be missed by someone*

marché (m) immobilier *housing market*

matériel (m) *school things*

mec (m) *chap, guy, bloke*

médecin traitant *GP, family doctor*

médicament (m) *medicine, remedy*

mensonge (m) *lie, untruth*

métier (m) *job, work*

metteur en scène (m) (f) *producer*

mieux vaut + infinitive *it's better to (do something)*

moindre *smallest, least, last*

mortier (m) *mortar*

mot (m) *note, brief letter*

navette (f) *shuttle service*

ne pas dormir de la nuit (coll.) *not to sleep a wink*

ne rien regretter *not to lose by, not to regret*

ne rien risquer *not to be able to lose (money or advantage)*

ne t'en fais pas *don't worry about it*

noeud (m) *knot*

notaire (m) *lawyer*

ombragé *shady, shaded*

ongle (m) *fingernail*

ordinateur (m) *computer*

ordonnance (f) *prescription*

organisme (m) *organisation*

oser dire *if I may be so bold as to say...*

pagaille (f) *real, untidy mess*

palette (f) *palette*

panneau (m) *signboard*

papeterie (f) *stationery (or stationery store)*

par procuration *by proxy*

parfois *sometimes, occasionally*

parquet (m) *wooden floor*

pépin (m) *hitch, snag, problem*

percuter *to smash into, collide with*

perdre connaissance *to lose consciousness*

personne (f) âgée *old person (male or female)*

peu à peu *gradually*

pièces et main d'oeuvre *parts and labour*

pierres (f) apparentes *stone-built exterior or interior*

pile (f) *battery, (occ) electric torch*

piquer (fam) *to pinch, nick, steal*

plan (m) de travail *worktop*

planning (m) *diary, filofax*

pleuvoir à torrents *to rain heavily*

poser la candidature *to nominate (for a post, office)*

pour comble de malheur *last, but not least* (pejorative)

pourvu que *provided that...*

préciser *to explain, elaborate on*

prendre rendez-vous *to make an appointment*

prestation (f) *service*

prêt (m) *loan*

prévenir *to warn in advance*

prévoyance (f) *foresight*

primordial(e) *major, primary*

prix intéressant (m) *good price*

propriété (f) *property, house (usually with land)*

propice *favourable*

pulmonaire *lung-related, 'chest'*

quotidien *daily*

raboté *planed* (wood)

radio (f) passer une *to have an X-ray taken*

rancune (f) *rancour, hatred*

ranger *to tidy away, to organise things*

rapport (m) *relationship*

râter *to miss, miss out on*

réconcilier *to reconcile, to square...*

régime (m) *diet or routine*

régler *control volume*

régler *to sort out, establish ground rules*

remettre de l'ordre *to tidy up, organise*

renseignement (m) *a piece of information*

rentrée (f) *start of new school year*

repas (m) d'affaires *business lunch*

reporter *to postpone, put forward*

restaurateur (m) *restaurant-owner,* (often) *chef-proprietor*

restauration (f) *restaurant-world, restaurant-related*

révéler ses idées *to say what one thinks, feels*

revenir à ses moutons *to get back to the main problem*

revoir *to renovate, repair*

rouspéter *to grumble, complain, object*

s'adresser *apply to...*

s'effectuer *to take place*

s'empresser *to rush* (to do something)

s'imposer *to be an absolute requirement*

s'informer de *to enquire of, about*

s'installer *to set up home*

s'oppopser à *to object to*

salle des fêtes (f) *village hall, community centre*

SAMU (m) *the ambulance service, the paramedics*

sans exception *all, to a person*

sans indiscretion *if I may say so...*

scolarité (f) *schooling, school career*

se casser la figure *to fall, hurt oneself*

se débrouiller *to manage to do something*

se dérouler *to happen, take place*

se distraire *to seek entertainment, do something different*

se faire soigner *to have treatment*

se fier à *to have confidence in*

se fier à *to rely on, trust*

se loger confortablement *to get comfortable*

se presser *to hurry, dash*

se prêter à *to allow oneself to...*

se reproduire *to happen again*

se retourner *to turn (and turn)*

séance (f) *showing* (of a film)

sensible à *to be touched by* (feeling)

service (m) d'accueil *customer help-desk*

signification (f) *meaning*

situation (f) *position (of the property)*

soins (mpl) *care, treatment*

soldes (fpl) *sale items*

solidarité (f) *solidarity, common aims*

sortir in this sense *to go out for entertainment*

souffrant (e) *poorly, unwell, ill*
souhaiter *to wish*
souscrire à ... quelque chose *to sign up for, to take up (an option)*
stage (m) *short course*
stagiare (m) (f) *traineee, participant in a course/probationer*
store (m) *blind* (window)
stressé *overworked*
superficie (f) *surface area*
supprimé *cancelled, taken away, lost*
surcharge (m) *overload, over-busy*
susceptible de *likely to*
symptôme (m) *symptom*

tandis que *whilst...*
tant pis! *tough!*
tant ... que... *as much on... as...*
tarder à... *to be a little slow to...*
tenir compte de *to take into account*
tension (f) artérielle, *sanguine, blood-pressure*
terrain (m), sur le terrain *the ground, on the job* (experience)
tiraillement (m) *twinge of pain*
toubib (m) *doc, quack*
touches (fp) *buttons, controls*
tourner au sérieux *to become rather serious, heavy*
tournevis (m) *screwdriver*
train-train (m) *routine, grind*
travaux (m) *building, renovation work*
travaux (mp) de finition *interior decoration*
travaux (mpl) gros *major works, structural work*

tri (m) *sorting-out*
valoir quelquechose *to have a value*
vérifier *check, examine*
verre (m) de l'amitié *a celebratory drink*
vertige (m) *vertigo, light-headedness*
vice (m), défaut (m) *fault*
vignette (f) *small stamp, road-fund license*
virage (m) *bend* (in road)
visite (f) à domicile *home visit*
vitrine (f) *shop window*
voie (f) buccale *by mouth*
voisin (m) *a neighbour*
volontiers *willingly, surely*
voyons *let me see*
vu le (la les) *given the ...*

KEY TO THE EXERCISES

Unité 1

Exercice de compréhension – 1 (a) L'interview a lieu chez les Allégri. (b) On voit normalement M. Allégri dans la cuisine de son restaurant. (c) M. Allégri considère la profession de restaurateur comme un métier artisanal un métier qui s'apprend. (d) Il faut posséder une formation, soit formelle, soit sur le terrain.

Exercice de dépouillement – 1 (a) Bonsoir à tous et … à toutes. Even though **à tous** means to all (male and female) **à toutes** emphasises that he is addressing both men and women. (b) She speaks of his relative youth, his importance in the region: également jeune, brillant exemple. (c) à tête reposée / moins stressé; à la bonne table / à la restauration; dites-nous / découvrez-nous; selon moi / pour moi; aujourd'hui / à l'heure actuelle; un métier / une vocation; une formation / qui s'apprend. (d) the ubiquitous … euh!; oui et non; n'ai-je pas tout dit? (e) si j'ose dire; certains en parlent; moi, je suis moins convaincu; pour moi.

Exercice pratique – 1 Monsieur ROUSSET William, étudiant en médecine à l'Université d'Angers, est un jeune homme de grande taille, sportif, et intelligent. Né à Toulouse le 12 mars 1976, il a suivi une scolarité normale, collège et lycée, dans sa ville natale. Comme passe-temps, il est amateur de jazz, classique et moderne et, en sport, de rugby et de natation.

Exercice pratique – 2 A Voici B le A te voici B Nous B qu' … la … les

Exercice de compréhension – 2 (a) given (b) L'expression veut dire que dans la restauration, il faut tout faire pour plaire à la clientèle. (c) M. Allégri veut dire que la famille, même si elle ne prend pas le deuxième rang, doit comprendre les difficultés d'exercer ce métier.(d) Le secret, selon M. Allégri, c'est le rôle d'Evelyne, qui se charge de la gestion du restaurant. (e) Ils ont fait revivre la réputation gastronomique de la région.

Exercice de dépouillement – 2 (a) Une famille, c'est sûrement un bonheur / *of course, a family is a great delight*; il y a des moments où je regrette fort... / *there are times when I feel very sorry at*; se montrer compréhensif / *to be understanding*. (b) to sort things out; comment en sortez-vous (c) suivre des cours de géographie, de mathématiques, d'anglais, d'histoire, de russe – et ainsi de suite. (d) le rapport qualité/prix. Le rapport qualité/prix d'un article est très important pour moi. (e) elle voit jusque dans les moindres détails.

Exercice pratique – 3 1 (a) On a appelé ... (b) Certains vins se consomment ... (c) Les nouveaux clients ... sont accueillis ... (d) On n'a rien entendu avant 8 heures (e) Sa classe lui a offert ... (f) Tous ses amis le respectaient / il a été respecté par tous ses amis (g) On aurait pu le considérer comme un accident. **2** fermée; étaient persuadés par; a été; a ajouté; a vu

Activités *Quelques tuyaux: questions à poser* (i) Quel nom a-t-il choisi pour le salon? (ii) Quelle a été sa formation? (iii) Qui va s'occuper de la gestion? (iv) Qui l'a aidé à monter l'entreprise? (v) la concurrence et ses effets: les prix (vi) Quel genre d'accueil envisage-t-il pour la clientèle?

Unité 2

Exercice de compréhension – 1 (a) L'interview se déroule le 10 octobre (b) L'expression qui correspond le mieux, c'est 'au micro' (c) La phrase est: si vous me le permettiez ... j'aimerais; (d) Le rôle préféré de son mari serait, selon Evelyne, celui de créer d'une cuisine régionale de qualité. (e) Elle précise que les rôles traditionnels de mari et de femme ont évolué; que René, depuis un certain temps, et malgré ses lourdes responsabilités au restaurant, donne plus volontiers un coup de main à la maison.

Exercice de dépouillement – 1 (a) la date du 10 octobre; Nous voilà encore; la semaine passée; ce soir, au micro. (b) des restaurateurs – *restauranteurs*; un associé – *partner* (business); patron – *boss*; dactylo – *typist/secretary*. (c) Pourriez-vous préciser ...; pourriez-vous expliquer ...; voudriez-vous dire ... Pour dire vrai ...

Exercice pratique – 1 Madame ... je suis adjoint au gérant dans un petit hôtel ... pourriez-vous ... ce que vous (voulez dire) ... est/serait ... seriez-vous d'accord ... Le matin, je me présente vers 7h30, et je fais un tour de l'hôtel pour voir s'il y a des problèmes. Après, je fais/ferai le tri du courrier, et si le service de nuit m'a laissé des messages, je m'en occuperai … et cetera.

Exercice de compréhension – 2 (a) La première question posée concerne la responsabilité de chacun à la maison; l'interviewer cherche à faire réagir Evelyne en lui demandant s'il leur est jamais arrivé de se disputer à propos de la responsabilité de chacun. (b) Ils ont beaucoup réfléchi aux exigences du métier et de la famille. (c) La mère d'Evelyne, très franche, leur a conseillé de régler les responsabilités avant de se marier, avant de nouer le noeud. (d) Selon Evelyne, sa mère n'a pas prevu l'engagement qu'il fallait pour réussir dans la restauration. (e) Elle termine en remerciant Evelyne et en remarquant que la discussion tournait au sérieux …

Exercice de dépouillement – 2 (a) je vous avoue; franchement; avoir raison; être d'accord; je crois; prévoir; confier; donner des renseignements; disons; je veux dire; ça se pourrait; qui sait si; (b) avouer, être d'accord, avoir raison, croire, prévoir, confier, vouloir dire. (c) (i) votre façon de régler …; (ii) disons …; (iii) l'essentiel, c'est que …; (iv) l'effort qu'il nous faudrait. (d) j'espère bien …; ça se pourrait …; qui sait si..?

Exercice pratique – 2 1 aurait pu … arrivait … aurait été … peut-être/sans doute … aurait … sans doute … renseignements … confier. **2** (a) Je me demande s'il ira chez le docteur demain? (b) S'il s'achète un ordinateur et apprend à s'en servir, il trouvera un emploi. (c) Allez! Demandez-lui s'il est allé à la piscine hier. (d) Franchement, je ne veux plus/pas partir. (e) Il vous a sans doute tout dit sur lui-même, n'est-ce pas?

Unité 3

Exercice de compréhension – 1 (a) Elle n'a pas répondu plus tôt parce que les travaux à la maison n'étaient pas finis. (b) Evelyne aurait voulu que le maçon eût tout fini avant d'inviter sa mère. (c) La date de l'arrivée de la mère d'Evelyne est prévue pour le 12 juillet. (d) La cuisine sera sans éléments parce que le coffrage du plafond est encore à faire. (e) Elle exprime sa joie en disant qu'elle est ravie d'être invitée. (f) Elle a l'intention de laisser le chien chez un voisin.

Exercice de dépouillement – 1 Tu or **vous** are used according to the kind of relationship in each dialogue.

Exercice de dépouillement – 2 (a) veux (b) envie (c) partira (d) l'intention (e) servir (f) désire (g) aurait souhaité (h) voudriez

Exercice pratique – 1 1 (a) Les jeunes sont partis sans que je leur donne leurs résultats. (b) Paul est déjà là bien que les autres ne soient pas encore arrivés. (c) Maurice est très sportif, quoiqu'il soit âgé. (d) Il mangera avec nous pourvu qu'il ne soit pas trop en retard. (e) En mari dévoué, il l'attendait toujours à la gare jusqu'à ce qu'elle arrivât. (f) Marie est allée voir son frère avant qu'elle ne soit venue nous voir. Avoidance: (c) M est très sportif quoiqe, âgé. (f) Marie est allée … avant de venir … **2** (a) sera (b) sont partis (c) vienne (d) ait (e) puisses (f) téléphone (g) ait (h) vînt

Unité 4

Exercice de compréhension – 1 (a) Evelyne s'informe de la santé de sa mère en lui demandant comment elle se porte ce matin-là. (b) Madame Dubois n'a pas dormi – elle s'est retournée toute la nuit. (c) Mme Dubois veut prendre rendez-vous avec le médecin de famille. (d) Evelyne se charge de tout pour que Mme Dubois ne se déplace pas pour consulter le médecin. (e) Evelyne s'affole et veut téléphoner chez le médecin tout de suite.

Exercice pratique – 1 le cabinet … à l'appareil … écoute … pourrais-je … à domicile … rendez-vous … libre … habitez-vous … on … d'accord … entendu

Exercice pratique – 2 See materials in unit for suitable expressions.

Exercice de compréhension – 2 (a) Mme Dubois croit être grippée, croit avoir une grippe. (b) Il vérifie la température de la malade, sa tension, et lui pose des questions sur ses douleurs. (c) Selon Mme Dubois, ses symptômes comprennent des maux de tête et du vertige, des douleurs à la jambe et au bras gauche. (d) Le docteur Al-Raschid compte lui faire passer une radio. (e) Il la rassure, en lui disant qu'il s'agit d'une simple grippe (et lui donne une ordonnance pour des médicaments).

Exercice pratique – 3 Necessary information is in the box at the end of the exercise. English equivalents: sick note, put a cross in, common-law partner, holder of, position of the claimant.

Exercice de révision 1 (a) My mother feels better today, much better than yesterday. Her blood-pressure has stabilised, and her fever abated. (b)

The contra-indications (i.e. Not recommended in …) are: pregnancy, conditions of rheumatic origin, overweight, and cardiac problems. (c) Not to be swallowed. Keep out of the reach of children. In an emergency, contact the nearest Poisons Unit. Keep in a dark place. (d) Poor Daddy has twisted/sprained his ankle. And he has a bad back, which will probably get even worse if he doesn't rest up. (e) There are a small number of doctors who are interested in alternative medicine. **2** PHARMACON: prendre … complète … synthétique … indiqué … toléré … troubles … sensibles … à … Arrêtez …. hors de … Respectez.

Unité 5

Exercice de compréhension – 1 (a) Ils cherchent à acheter une petite propriété, à la campagne, au calme, uniquement pour les vacances. (b) Ils préfèrent une maison sans trop de travaux à prévoir, en bon état général, où le toit et la charpente sont solides. (c) Elle leur fait savoir que le marché immobilier est assez plat, et qu'ils ont tout à gagner en achetant aussitôt que possible. (d) Ils ont la possibilité de les visiter tout de suite, parce que les propriétés sont inoccupées. (e) Les mots qui indiquent soit la valeur, soit un prix sont: raisonnable, intéressant et abordable.

Exercice pratique – 1 restaurée … Belle situation … pittoresque … refait … finition … poutres … évier … apparentes … porte-fenêtre … armoires … salle de bain … sanitaires … dallée … dominante … dépendances … compris.

Exercice pratique – 2 1 Le prix de vente … de l'ordre de … le prix d'achat … autour de + prix … coûter à quelqu'un + prix … valoir / vaut + prix **2** (a) Private sale: 1995 Renault Laguna, 43,000 km, very good condition. 45,000 F. Offers invited. (ono) (b) Private sale, no agents: Selling 2 bed apartment/flat, fitted kitchen, town centre, garage, 570,000 F. First to see will buy. (c) Restaurant for sale: well-appointed, 35 covers, central. Rock-bottom price. Must sell, health reasons. (d) Private sale: modern house, 2 beds, bathroom, perfect condition, oil central heating, garage, small garden. Fair price. **3** Combien … payée; Je l'ai payée 890 F; faire payer un peu cher le meilleur rapport qualité-prix; discuter du prix; proposer un prix; un prix abordable; Combien valait; payer plus cher/moins cher **4** M. et Mme Allégri cherchent une résidence secondaire dans le sud-ouest de la France. L'agent immobilier leur en a proposé, à des prix raisonnables. Ne voulant pas payer trop chère celle qui leur plaît, ils demandent à un ami intime combien, à son avis, la propriété vaut. Le prix de vente s'élève à 400.000 F. Leur ami pense qu'il vaut mieux être prudent et qu'ils devraient faire une offre aux environs de 350,000 F, à condition que les dépendances fassent partie de l'achat. Les Allégri, d'accord entre eux sur le prix à proposer, retournent à l'agence. Tout d'abord, l'agent insiste que le prix de vente est un prix justifié, mais accepte de communiquer l'offre aux vendeurs. Entretemps, les Allégri rentrent chez eux, pour attendre une réponse par lettre de la part de l'agence.

Exercice de compréhension – 2 (a) Mme Ferrès a attendu l'accord écrit du vendeur avant d'écrire. (b) Elle n'a pas pu joindre les Allégri par téléphone. (c) Le prix de vente s'élève à 350.000 F. Les frais d'agence seront payés par les vendeurs, les frais de notaire et d'enregistrement par les Allégri. (d) Ayant reçu la lettre de Mme Ferrès, Evelyne a expédié l'attestation et les documents nécessaires à l'enregistrement de l'acte. (e) Elle demande à Mme Ferrès d'agir par procuration pour la signature de l'acte, puisque la famille n'est pas sûre de pouvoir repasser dans le Sud-Ouest dans les delais prévus.

Exercice pratique – 3 1 Match as necessary using dictionary or glossary (if needed). **2** For both scenarios you should use the grids in the text to establish the relationships. All examples needed are given.

Unit 6

Exercice de compréhension – 1 (a) René voulait faire construire une piscine, mais Evelyne donne la priorité à la structure de la maison. (b) Elle s'y oppose parce qu'elle sait qu'il y a des fuites. (c) Evelyne s'excuse auprès de son mari en lui disant qu'il était préoccupé ailleurs. (d) Elle a évité des dégâts en se servant de toute sorte de bols et de casseroles. (e) Ils se sont mis d'accord sur la priorité:faire réparer le toit.

Exercice de dépouillement – 1 on ne peut tout faire à la fois … il faut établir nos priorités … tu n'étais pas là quand il a plu à torrents … il y avait des infiltrations … j'ai fait de mon mieux pour éviter des dégâts en y mettant des … il y a peu de dégâts enfin … Il nous fallait un charpentier, je l'ai fait venir pour établir un devis …. tu étais surmené de travail, tu avais besoin de calme.

Exercice pratique – 1 (a) Je lui ai laissé choisir le repas. (b) Elle a fait venir le vétérinaire pour soigner son chat. (c) Il n'a pas laissé sa mère utiliser le téléphone. (d) Il leur a fait payer trop (occ. les a fait payer trop). (e) On lui a fait manger n'importe quoi!

Exercice pratique – 2 un peu d'embonpoint … le régime … le doigt … moins … sensiblement … nettement

Exercice pratique – 3 1 (a) Le devis du charpentier est un peu élevé, non? (b) Ne crois-tu pas qu'il l'ait légèrement parfumé, ce devis? (c) Crois-tu que le prix soit honnête, enfin? (d) Est-ce que vous avez de quoi payer le taxi? Voyons, oui, j'ai 92 francs (e) Jean a reçu trois zéros en géo, le pauvre. (f) Tu es sûr? Selon moi, le plan de travail fait 3 m de long sur 600 mm de large. (g) Il nous a fait payer le prix normal, correct enfin, sans être plus.

Unit 7

Exercice de compréhension – 1 (a) Normalement, ils partent autour de la fermeture annuelle du restaurant pour profiter au maximum de leur temps libre. (b) René a la possibilité cette année de se faire remplacer par Bernard – Ils auront donc davantage de temps disponible. (c) La rentrée, c'est surtout la rentrée des classes: William changera de classe, avec certains problèmes d'adaptation. (d) Le 2 août, c'est un dimanche, jour très important dans la restauration, où le restaurant risque d'être bondé. (e) Evelyne envisage un départ de bonne heure, pour ne pas avoir à se presser sur l'autoroute.

Exercice pratique – 1 Use information provided in the dialogue, in the tourist information, together with answers to the comprehension exercise.

Exercice de compréhension – 2 (a) William ne trouve pas son ballon parce que sa mère a rangé trop haut le bac à jouets. (b) Les priorités de William semblent bien précises: le ballon, et le casque pour son vélo. (c) Evelyne n'arrive pas à les descendre parce qu'elles sont coincées dans le rangement. Elle n'a pas non plus de la place pour mettre l'escabeau! (d) Evelyne a peur de tomber en essayant de descendre les valises. (e) Le mot pépin, évoqué par Evelyne, fait rappeler à son mari l'autre sens du mot – parapluie!

Exercice de dépouillement – 1 (a) Chéri(e), passe-moi mon permis de conduire, s'il te plaît! (b) Descends les bagages, Bernard … Non!, laisse-les – je te donnerai un coup de main. (c) Quelle mine! Ça, c'est à faire tourner le lait! (d) Range tes jouets pour que je mette un peu d'ordre à ta chambre! (e) Si tu grimpes la clôture comme ça, tu risques de te casser la figure.

Exercice pratique – 2 1 Défense de marcher sur les pelouses; Tous droits réservés (Reproduction interdite); L'abus de l'alcool est dangereux pour la santé; Défense d'entrer ; Plongeon interdite; Défense d'afficher; Peche interdite **2** (a) Ne le lui passe pas, s'il te plaît. (b) Demandez-la-moi! (c) N'en prenez pas, je vous en prie. (d) Ne te couche pas, Sylvie! (e) Donnez-leur-en!

Exercice de dépouillement – 2 (a) Ne t'en fais pas, j'ai appelé la gendarmerie/la police! (b) Il faut tout de suite appeler le SAMU! (c) Ne quittez pas la victime, il faut la soigner. (d) Pas de panique – va voir ce qu'on peut faire, il a peur de quelque chose. (e) Donnez-moi un coup de main ici, et aller chercher/apportez-moi de l'eau, vite, au cas où j'en aurai besoin.

Exercice pratique – 3 ALLEGRI; René; 12.5.65; TOURS (Indre-et-Loire); marié; aux Rosiers, Route de Rochecorbon, 37100 St-Faust.

Je soussigné _____ constate que vers 20h30 le soir du _____ étant en vacances chez moi dans notre résidence secondaire près de Driant, j'ai entendu un bruit fort. Une fois sorti de la maison, j'ai vu une voiture qui, de toute apparence, avait quitté la route pour percuter un mur. Dans cette voiture se trouvaient trois blessés: un homme, sa femme, qui avait perdu connaissance, et sa petite fille. J'ai regagné la maison pour demander à ma femme d'appeler le SAMU, et pour chercher un extincteur, en cas d'incendie. Ayant trouvé l'extincteur, je suis revenu sur les lieux de l'accident, pour porter les premiers secours et réconforter les sinistrés. Le SAMU et le docteur sont vite arrivés et ont pris en main l'affaire.

Exercice pratique – 4 Use information about beginning and ending a letter from Unit 5. There are at least six errors to bring to the attention of the editor!

Exercice pratique – 5 Try to use typical expressions from the newspaper reports in the text.

Unité 8

Exercice de compréhension – 1 (a) Evelyne s'inquiète de l'absence de planning pour le premier trimestre/la rentrée. (b) René a mal compris ce que lui a dit sa femme: il pense uniquement au restaurant. (c) William s'inquiète aussi: il va changer de classe, et se croit nul en math. (d) On va aider William à la maison, ou, si nécessaire, demander à sa tante de venir l'aider. (e) 16; 10 (f) La Table ronde se réunit le jeudi et, exceptionnellement, le samedi. (g) Evelyne semble préférer les grandes surfaces parce qu'on y trouve presque tout à un prix abordable. (h) Il accepte d'y aller mais ne veut pas y passer toute la journée!

Exercice de dépouillement – 1 Je m'inquiète un peu … T'en fais pas … ça presse … … vu ses difficultés … voyons … un monde fou au … exceptionnellement … des prix intéressants … impossible de partir … il y a tout à prévoir … Inutile de … (a) Je m'inquiète un peu de la rentrée. (b) Vu ses difficultés, William a peur de la rentrée. (c) Inutile de proposer d'autres solutions, ils ne peuvent venir que le dimanche. (d) Il y a tout à prévoir en matériel de restauration. (e) T'en fais pas, Maman va t'aider! (f) Impossible de partir/aller, on a trop à faire à la maison.

Exercice de compréhension – 2 (a) Le Conseil supérieur de l'Education nationale a adopté ce calendrier le 10 juillet 1995. (b) Les périodes de vacances qui sont les mêmes pour tous sont celles de la Toussaint, de Noël et les grandes vacances d'été. (c) Pour les lycéens, les vacances d'été commencent après la classe du 30 juin: la date de la reprise des cours n'est pas donnée. (d) Les élèves de la Zone B sont en vacances du mercredi 18 février au mercredi 4 mars. (e) Si le départ est prévu pour un mercredi ou un samedi, les élèves sont en vacances après la classe, respectivement, du mardi ou du vendredi. (f) Les élèves sont libres le samedi 30 mai et le mardi 2 juin. (g) Dans ce cas, les classes reprennent le jeudi. (h) Les classes vaqueront, l'été, pendant plus de neuf semaines.

Exercice pratique – 1 (a) Ah! non! pas comme ça! (b) Ça ne suffit pas du tout! (c) … de ne pas être très solide. (d) n'est pas … (e) Ne faut-il pas le faire remplir …? (f) ne sont pas … (g) de moins chers … (h) te fera …

Exercice pratique – 2 (a)/(5); (b)/(4); (c)/(3); (d)/(1); (e)/(2)

Exercice pratique – 3 Use information provided in *Dialogue 3*, together with the word lists provided.

Exercice de compréhension – 3 (a) Evelyne lui explique qu'une touche du baladeur est bloquée. (b) Elle précise que l'une des touches, juste après l'achat il y avait 15 jours, s'est mal engagée, pour devenir enfin bloquée. (c) Le responsable compte réparer immédiatement l'appareil à l'aide d'un tournevis. (d) Evelyne n'est pas satisfaite: la solution du responsable ne lui plaît pas. Elle réclame le remboursement total du prix d'achat. (e) 'Satisfait ou remboursé' est une forme de garantie pour le consommateur: le commerçant s'engage à rembourser le prix d'un article si le client n'est pas satisfait.

Exercice pratique – 4 He asked me whether he needed to consult a legal department, or whether it could be settled out-of-court. He also enquired whether he could claim for travel expenses. I have no objection … but on which grounds? The legal department has a major advantage: the matter can be settled quickly, at low cost. But as for claiming travel expenses, that's debatable.

Unit 9

Exercice de compréhension – 1 (a) Elle l'accueille en lui demandant de ses nouvelles. (b) Cela fait un bon moment qu'elles ne sortent pas. (c) Elle prétexte un emploi du temps très chargé. (d) Elle lui propose un peu de détente. (e) Les voisins en bénéficieraient le plus. (f) Les objections de Josette tournent autour du matériel à prévoir et de la responsabilité de chacun.

Exercice de dépouillement – 1 (a) Cela fait un bon moment que… (b) Combien il est difficile de … (c) C'est la folie! (d) Je te comprends. (e) Minute, papillon! (f) Je veux bien te croire… (g) Mais que veux-tu…? (h) Ecoute…

Exercice pratique – 1 Material in dialogue and supplementary material.

Activité Examples in text. Another sample:
MONTY PYTHON AND THE HOLY GRAIL
de l'équipe Monty Python – avec John Cleese
Film anti-clérical, humour noir anglais et mythe connu se mêlent pour créer une ambiance bizarre. A apprécier par des anglophones doués, friands de films satiriques.

Exercice de compréhension – 2 (a) Le maire estime que sa fonction n'est pas sans difficultés, surtout dans une petite commune comme la sienne.

(b) Le ciné-club, selon Evelyne, accueillerait des personnes de tout âge et de toute opinion. (c) On pourrait envisager un programme de films autour d'un thème, d'une vedette ou d'un metteur en scène. (d) Les inconvénients, selon le maire, seraient dans la concurrence de la télé et de la vidéo. (e) Le maire adopte le projet parce qu'il y voit les avantages sociaux et culturels. (f) Le club va s'organiser de façon autonnome, mais Josette et Evelyne en assureront la gestion quotidienne.

Exercice pratique – 2 *Ciné-Club* will offer a programme of 8 films each semester. Meetings will take place weekly on Tuesday at 8 p.m., in the village hall, rue Salmon. The first meeting, on October 9th, will be a business meeting, to hears individual members' views. The mayor, M. Michel Lebrun, has agreed to chair the meeting.

Venez nombreux   **Prière de remplir**
lesquels...?   **cochez la case correspondante**
Auriez-vous...   **Êtes-vous retraité?**   **Rayer l'inutile**
à retourner à   **avant le 8 octobre**

Exercice de compréhension – 3 (a) Le maire exprime sa sympathie pour le projet dans des termes très chaleureux. (b) Selon le maire, le club serait issu de la volonté et de l'enthousiasme de deux personnes... (c) Il ne s'attendait pas ni à l'importance – le chiffre d'adhérents – ni à l'action commune. (d) L'effet social le plus important a été la collaboration entre les gens. (e) Selon le maire, la commune va faire tout son possible pour que le projet réussisse. (f) Le verre de l'amitié est un moyen de réunir les gens pour les remercier.

Exercice pratique – 3 (a) to see the initiative succeed, in due course, time, cinema buffs, greetings! (b) use information in text

Activité Mesdames, mesdemoiselles, Messieurs, soyez les bienvenus à la première réunion de l'Association franco-britannique de notre ville. Permettez-moi de vous dire combien je suis sensible à l'honneur que vous me faites en m'autorisant à prendre la parole pour remercier tous ceux d'entre vous qui ont tant travaillé pour créer cette nouvelle association.

Franchement, je ne m'attendais pas à l'importance – au gros chiffre des adhérents! Mais votre enthousiasme et votre engagement ont ranimé un intérêt commun dans tout ce qui a rapport à la France et à la Grande-Bretagne, ont renforcé même la solidarité des gens dans cette commune.

Je suis encore plus sensible même, à l'honneur que vous me faites en me proposant pour premier Président de l'association: je vous assure tous et toutes que je ferais tout mon possible pour faire réussir notre commune initiative.

Et donc, de la part de votre comité, c'est avec le plus grand plaisir que je vous remercie tous de votre présence, et vous invite à prendre avec nous le verre de l'amitié. Vive l'Association franco-britannique!